KAUDERWELSCH

Die Sprache der Politiker

EDITION
LINGENSTIFTUNG

Mainhardt Graf Nayhauß (Hrsg.)

KAUDERWELSCH
Die Sprache der Politiker

Vorwort

„Es genügt nicht, keine Gedanken zu haben. Man muss auch unfähig sein, sie auszudrücken."

Karl Kraus

Jean-Claude Juncker bringt es auf den Punkt: „Sprache ist Politik und Politik ist auch Sprache!" Schon die Überschrift seines Beitrags „Eine Frage der Freiheit" macht klar, dass hier keine Nebensache der Politik verhandelt wird, sondern eine Hauptsache – die Sprache der Politiker. Klar und unmissverständlich nennt der luxemburgische Premierminister die Dinge beim Namen: „Sprache muss, soll sie Sinn machen, verstanden werden!" Würden Politik und Medien diese Einsicht Junckers beherzigen, wäre Politikverdrossenheit nicht zu einem der größten Probleme der Demokratie geworden. Allgemeinplätze und unverdauliche Fremdwörter beherrschen die öffentlichen Debatten und kennzeichnen auch die Flut der „Kauderwelsch-Talkshows". Juncker analysiert diese Entwicklungen und warnt vor gefährlichen Rückkopplungen. Seine Kritik lässt sich – in Abwandlung eines berühmten Diktums von Max Horkheimer – so zusammenfassen: Wer von der Worte-Krise nicht reden will, der sollte von der Werte-Krise schweigen.

Nicht ohne Grund bilden Junckers grundsätzliche Erörterungen zu Demokratie, Freiheit und klarer Sprache den Auftakt zum vorliegenden Band der „Edition Lingen Stiftung". Die bereits mit dem Vorgänger-Band „Größenwahn und Politik" begonnene Ursachenforschung in Sachen Politikverdrossenheit zielt dieses Mal auf den Umgang von Politik und Medien mit der Sprache.

Das Unbehagen an „spinnösen Fachausdrücken", dem der frühere Bundespräsident *Roman Herzog* Ausdruck verleiht, zeigt sich eindrücklich an aktuellen Wortschöpfungen wie „Realwirtschaft" und „Finanzindustrie". Gibt es auch eine Irreal- oder Fantasiewirtschaft? Das ist nicht nur Kauderwelsch, hier werden die Menschen, so Herzog, „einfach hinter die Fichte geführt".

Dass es ihm nicht um Deutschtümelei geht, wenn er Respekt vor der Muttersprache fordert, macht *Hans-Dietrich Genscher* in seinem Beitrag deutlich. Sprache und kulturelle Identität gehören zusammen, Verlust an Sprache bedeutet daher immer auch Verlust an kultureller Identität.

Als „bekennendes Mitglied des Vereins für deutliche Aussprache" fordert *Sigmar Gabriel* von einer bürgernahen Politik zu „sagen, was ist" und „sagen, für was man selbst steht". Der SPD-Vorsitzende weist zu Recht darauf hin, dass die Forderung „Klartext" zu reden, nicht als Freibrief für Populismus und Stammtischparolen missverstanden werden darf. Der aus Franken stammende *Michael Glos* legt Wert darauf, die Sprache der Menschen in seiner Heimat zu sprechen: „Direkt, ohne Hintertürchen. Mit einfachen Worten. In kurzen geraden Sätzen." Für Glos hat ein so verstandener „Klartext" völlig zu Unrecht den Beiklang des Populistischen und Einfältigen. Denn ohne klare Sprache kann man keine klare Position beziehen. Austauschbare Worte führen zu austauschbaren Positionen und am Ende zu austauschbaren Politikern ohne Ecken und Kanten.

Dass Ex-Verteidigungsminister *Peter Struck* „Ecken und Kanten" hat, ist bekannt. So bezieht er mit der Überschrift seines Beitrags gleich Stellung: „Man muss mal draufhauen, mal zuspitzen dürfen." Strucks Kritik richtet sich dabei nicht nur an Politiker: „Die Medien verschanzen sich genauso hinter Fachchinesisch und Expertensprech." Wer da noch die Floskel verwendet, Politiker müssten die Menschen „abholen", entlarvt sich selbst. Wo, so Struck, will man sie abholen, wenn sie sich längst abgewandt haben?

Jörg van Essen kennt die „Fachsprache" der Politiker genau. Das heutige „Polit-Sprech" wird nicht nur durch fast automatisiert benutzte Halbsätze und Worthülsen gekennzeichnet, sondern auch durch Übertreibungen. Ein weiteres Stilelement: Dinge immer in der Schwebe halten. So wird viel geredet und nichts gesagt. Doch van Essen richtet auch an die Wähler eine kritische Frage, denn wollen sie tatsächlich immer die ungeschminkte Wahrheit hören?

Nicht ohne eine gewisse Portion Selbstironie geht *Stefan Müller* der Frage nach, was hinter der Politikersprache steckt. Dafür nimmt er nicht nur die Perspektive „seiner" politisch desillusionierten Bäckereiverkäuferin ein („Das meiste, was Ihre Kollegen da erzählen, versteht doch kein Mensch."), sondern klärt auch über Zwänge auf, denen politische Äußerungen unterliegen. Trotzdem gilt: „Niemand, auch kein Politiker, ist gezwungen, Phrasen zu dreschen und staatstragende Floskeln zu verwenden."

„Der Verderb der Sprache ist der Verderb des Menschen." Mit der eindrücklichen Warnung Dolf Sternbergers aus dem Vorwort zum „Wörterbuch des Unmenschen" untermauert der frühere Regierungssprecher *Klaus Bölling* seine Forderung, Sprachverhunzer ins Fegefeuer zu schicken. Vielleicht, so Bölling, kämen sie geläutert und mit einem besseren Deutsch wieder heraus. Dann könnte man wieder etwas erklären, anstatt immer nur etwas „deutlich zu machen", etwas verwirklichen, anstatt es „umzusetzen". Auf die negativen Folgen, die die „Diktion der Bürokratie" auf die Sprache der Politik hat, weist *Manfred Freiherr von Richthofen* hin. Über Vorschriften zum Krümmungsgrad der Salatgurke mag man noch schmunzeln, aber das Gerede von „integralen Konzepten" und „struktureller Ökologisierung" ist schlichtweg Kauderwelsch.

„Warum das Gehaltlose?", fragt daher *Josef Joffe*, Mitherausgeber der ZEIT. Seine Antwort: Klartext und Kante, wie in den Beiträgen dieses Bandes schon häufig eingefordert, verstoßen gegen ein eisernes Gesetz der modernen

Politik. Es lautet: Niemanden verärgern oder wehtun, keine Wählerstimmen verlieren! Mit „verbaler Spachtelmasse" wird aber nicht nur in Politik und Marketing verschleiert und versteckt: „Alle, die im Weinberg des Zeitgeistes arbeiten, reden so: Sozialarbeiter, Gender-Beauftragte, Stiftungsreferenten, Bürokraten." Herrschaft durch Wortgeklingel – dafür brauchen wir keinen „Big Brother" mehr, wie noch in „1984".

Dem Aspekt „Kauderwelsch als Herrschaftsinstrument" geht auch *Roger Köppel*, Chefredakteur der Weltwoche, nach. Sein Beitrag ist ein Plädoyer für die direkte Demokratie, denn „sie ist das Damoklesschwert über den Köpfen der politischen Klasse, mit einer enorm disziplinierenden Wirkung". Und: „Wer unverständlich oder, noch schlimmer, abgehoben daherredet, fällt durch." Wo die direkte Kontrolle durch Plebiszit fehlt, wächst den Journalisten eine „Wächterrolle" zu: „Journalisten müssen die Nebelsprache der Politiker durchdringen und entlarven, zur Kenntlichkeit entstellen." Köppels Ausführungen zu Arbeit und Aufgabe der Journalisten teilt *Jörg Quoos*, langjähriger Stellvertreter des Chefredakteurs bei BILD. Wer das Politiker-Kauderwelsch „bloß wiederkäut, versündigt sich am Auftrag der freien Presse". Die „sprachliche Verlotterung" (Ulrich Wickert) zeigt sich dabei besonders deutlich in den beschönigenden Umschreibungen von „Krieg". Wer Kriegsopfer ernsthaft „weiche Ziele" nennt, so Quoos, „ist selber weich – und zwar in der Birne!"

Dieter Wonka, Hauptstadtkorrespondent der „Leipziger Volkszeitung", betont zwar ebenfalls, dass heutige Politiker Risiken meiden und deswegen meinen, sich eine klare Sprache nicht mehr leisten zu können. Doch das ist nicht die ganze Wahrheit. Wenn ein Politiker aus seinem Herzen keine Mördergrube macht (wie etwa Ronald Pofalla), dann werden diese Politiker in der Regel von der Presse fertig gemacht. Und wenn Politiker in vertraulichen Gesprächsrunden ein offenes Wort nicht scheuen, tags darauf jedoch alles in der Presse nachlesen können, dann sind es nicht allein die Politiker schuld, dass sofort wieder „Kauderwelsch" geredet wird.

Eine interessante Sichtweise auf die Sprache der Politiker vermittelt der Beitrag *Coordt von Mannsteins*. Der Politikberater öffnet seine „Trickkiste" und verrät ein paar „Betriebsgeheimnisse politischer Werbung". Seine Darlegungen zu den Wirkungspotenzialen von Wahlplakaten, vom Zusammenspiel sprachlicher und visueller Elemente zeigen vor allen Dingen, was ein guter Slogan nicht sein darf – nämlich Kauderwelsch. Regisseur und Filmemacher *Dieter Wedel* beurteilt dagegen die Unterordnung der politischen Sprache unter die Gesetze der Werbung („wiederholen, wiederholen, wiederholen") kritisch. Die Politiker hämmern den Bürgern Floskeln ein, ihre Sätze sind stereotyp, ihre Antworten kommen „wie aus der Pistole geschossen". Doch Wedels Kritik richtet sich nicht allein gegen die Politiker. Die Mechanismen der modernen Medien und die Gesetze des Entertainments sind für ihn für das Dilemma mitverantwortlich. Jedes Mittel ist recht, um die „Dramatik" zu steigern: „Erklären Sie den Sinn des Lebens, und vielleicht auch noch, was die Welt im Innersten zusammenhält. Für die Antwort haben Sie 15 Sekunden." Dieter Wedels karikierenden Worten steht *Harald Schmidt* in nichts nach: „Heute glüht der mediale Scheiterhaufen 24 Stunden am Tag, 365 Tage im Jahr." Mit der ihm eigenen Ironie spießt Schmidt eine ganze Menge „dummes Zeuch" auf, das Politiker so von sich geben. Während einige Autoren dieses Bandes auf das Bibelwort „Euer Ja sei ein Ja, euer Nein ein Nein" Bezug nehmen, stellt Harald Schmidt dazu nur lakonisch fest: „Wer gewählt werden will, dessen Rede sei keinesfalls ja – ja, nein – nein, sondern ‚ich sach ma …'. Fakten sind was für Streber."

Frank Elstner, TV-Profi vor und hinter der Kamera, kann aus eigener Erfahrung und Anschauung berichten, dass Kameras und Mikrofone eine eigentümliche Wirkung auf Politiker haben: „Kaum hat der Toningenieur das Funkmikro abgekabelt und die Gästebetreuerin ein frisches Pils gezapft, können Politiker plötzlich Klartext reden." Warum aber beginnen Politiker zu schwadronieren, sobald sie ein Mikrofon vor die Nase gehalten bekommen? Elstners Diagnose: aus einem ständigen Hang zur Selbstüberschätzung. Herausgeber *Mainhardt Graf von Nayhauß* entgeht nichts (und niemand). Ein „Fuchs", der mit untrüglichem Gespür Stilblüten, abgedroschene Formulierungen und sträfliches Kauderwelsch aufspießt. Sicher liegt Elstner mit seiner Diagnose „Selbstüberschätzung" richtig, doch Nayhauß zeigt, dass es oft gar keiner komplizierten Ursachenforschung bedarf, da bei Politikern schlicht Wichtigtuerei am Werk ist.

„Worttäuscher haben die Rosstäuscher abgelöst", befindet der frühere ZDF-Chefredakteur *Klaus Bresser*. Die tägliche Verbreitung von „programmiertem Unsinn" ist ein Versuch, die Menschen durch Unklarheit zu verwirren. Die Mahnung, die Bundespräsident Gauck in seiner Antrittsrede aussprach, sollten sich daher die „Worttäuscher" ins Stammbuch schreiben: „Redet offen und klar, dann kann verloren gegangenes Vertrauen zurückgewonnen werden."

Eingerahmt werden die Beiträge auf künstlerische Weise: *Arnold Kirchner* macht sich einen Reim auf „Kauderwelsch als Wortsinnkleister" und *Wolfgang Krebs* lässt diesen Band mit einer fiktiven Stoiber-Rede wortgewandt ausklingen.

Bleibt zum Schluss eine Erkenntnis, die wir Winston Churchill zu verdanken haben: „Kurze Wörter sind am besten, und die alten kurzen Wörter sind am allerbesten."

Köln, im September 2012

Werner Schulte
Edition Lingen Stiftung

Arnold Kirchner

Kauderwelsch

Ob Kanzler oder Diplomat,
Minister, Ortsrat, Bürgermeister,
wer hier bei uns das Sagen hat,
nutzt Kauderwelsch als Wortsinn-
kleister.

Nur Dichter hatten damit Schwierig-
keiten:
Auf Kauderwelsch gab's keinen Reim.
So warnten sie zu allen Zeiten:
Geht solchem Wort nie auf den Leim!

Erst als man uns vom Rhein regierte,
gab's einen Reim auf „Kauderwelsch",
der tat uns gut, weil er uns nach
Europa führte,
hieß „Adenauers Plauder-Kölsch".

Sein Wortschatz war kein bunter
Strauß,
von Blütenduft umhüllt.
Er sprach das, was er dachte, aus:
Das gab ein klares Bild!

(geb. 1923) Leutnant im Zweiten Weltkrieg, schwer verwundet. Nach Kriegsende in Halle/S selbständig, 1 Jahr Haft, nach Flucht RIAS-Redakteur in Berlin. Studium, diplomierter Ingenieur für Haustechnik. Inzwischen in Niedersachsen auf dem Land lebend. Hobbydichter. Ca. 2000 selbst verfasste Gedichte. Wurde schon vom Bundespräsidenten begrüßt.

Arnold Kirchner

Der Alte Herr, mit viel Humor,
führte der Welt ein Deutschland vor,
dem man erstaunlich schnell verzieh.
Dank sei dem Mann! – Vergesst das
nie!

Inzwischen kauderwelscht
man wieder,
meint, klare Sprache sei zu bieder.

Und in der Tat, ganz ohne Frage,
rein sprachlich ist man in der Lage,
nachhaltig alles zu verschleiern
und routiniert drumrum zu eiern,
was eignem Image schaden könnte,
wenn es zu klar ins Volksohr tönte.

Ein Satz, kontaminiert mit Keimen,
bestimmt, die Wählerschaft zu leimen,
hat, wenn man ihn in Wolken hüllt,
dreiviertel schon den Zweck erfüllt,
für den er trickreich ausgedacht:
dass er im Volke Stimmung macht.

Und schwimmen mal die Felle fort,
dann gibt man auch ein Ehrenwort.

Wo wahre Worte wenig wiegen
wird stets versucht, sie so zu biegen,
dass sie wie wirkungsvolle Waffen
mal Mitleid, Angst,
mal Jubel schaffen.
Kommt dann ein Wertwort ins Gerede
und wird zum Anlass einer Fehde,
gibt ihm ein Blick in die Geschichte,
den Wert zurück und auch die Wichte.

Beispiel:
Wenn Herr Gauck als Präsident
„FREIHEIT" sagt und dann erkennt,
dass dies Wort mit viel Facetten

manche gern erklärt noch hätten,
sind ganz schnell in diesem Land
Hunderttausende benannt,
die in 40 Unrechtsjahren
FREIHEIT suchend Flüchtling waren.

Für die Freiheit, für ihr Glück
ließen damals sie zurück
Heimat, Freunde, Hab und Gut.
Viele bringt das noch in Wut.

Andrerseits erfüllt mit Schauder:
Ausgerechnet ein Herr Kauder
prahlt, was Nachbarn in die
Brust sticht,
dass Europa deutsch mit Lust spricht.

Kauderwelsch in jeder Form
hilft der Politik enorm.
Allerdings heißt oft ihr Los:
Fehlschuss! – Ging nach hinten los!

Jean-Claude Juncker

Eine Frage der Freiheit

„Eine Rose ist eine Rose ist eine Rose.“ So sagt es poetisch die amerikanische Dichterin Gertrude Stein. Doch so klar kaudert es nicht die gänzlich unpoetische und unkreative Mainstream-Politik in ihrem medialen Welsch. Auch wenn sich etwa Bundeskanzlerin Angela Merkel in ihrer Wahlanalyse nach dem Urnengang im Saarland an Stein inspiriert zu haben scheint: „Wer sich mit den Details des Saarlandes befasst hat, weiß, dass das Saarland das Saarland ist.“ Es geht bei Merkel aber auch klarer: „Ein Politiker muss machtbewusst sein. Er muss ehrgeizig sein. Er muss sich selber etwas abverlangen können.“ Und er muss die politische Sprache beherrschen, die Worte beleben, die Begriffe „besetzen“ (Biedenkopf/Geißler).

Sprache ist von zentraler Bedeutung in der Politik: Sprache ist Politik und Politik ist auch Sprache! Für den Politik-Linguisten Armin Burkhardt ist Politik sogar „zum weitaus überwiegenden Teil politische Kommunikation“. Ganz stimme ich dem nicht zu. Dennoch dürfte der Anteil der Kommunikation bei gut 50 Prozent liegen. Es verhält sich demnach mit Politik und Kommunikation so wie mit Wirtschaft und Psychologie. Denn Sprache, die Rede, das Wort bleiben die zentralen Überzeugungs- und Erkenntniswege in „res publica“ und „res internet“. Und auch die wichtigsten Propagandawege – bei gleichzeitiger Einschränkung der freien Rede und Presse – in einer Diktatur. Ohne die Freiheit des öffentlichen Wortes kann mithin keine Demokratie, keine Volksherrschaft funktionieren. Die freie öffentliche Sache ist ohne das freie öffentliche Wort unmöglich. Ich möchte hinzufügen: ohne das gut und verständlich gewählte Wort! Und das ist letztlich immer das eigene Wort in natürlicher Sprache. „Verständliche Sprache bei einem Politiker zeugt von gutem Gewissen“, sagte einst André Malraux.

(geb. 1954) seit 17 Jahren Premierminister Luxemburgs. Dienstältester Regierungschef in Europa. War zeitweilig zugleich Finanzminister. Hob mit Waigel den Euro aus der Taufe, ist Chef der Euro-Gruppe. Spricht fließend Französisch, Deutsch, Englisch, Italienisch. Gelernter Rechtsanwalt. Vater während des Zweiten Weltkriegs zwangsweise Dienst in der Wehrmacht.

Jean-Claude Juncker

„Im Anfang war das Wort“, heißt es richtig und schön im alten und kurzen Prolog zum Johannes-Evangelium. In der Staatskunst, im Gesellschaftshandwerk, im persönlichen Leben verhält es sich nicht sehr viel anders. Auch Politik beginnt zumeist mit dem Wort, mit dem Begriff, mit dem Motiv, mit dem Aufschrei. Dann folgen weitere Wörter. Zumeist zu viele Wörter. Oftmals irreführende, verzerrende Wörter. Manchmal auch verletzende oder hetzerische Wörter. Und immer wieder – bewusst oder unbewusst – Kauderwelsch-Wörter, Kauderwelsch-Sätze, Kauderwelsch-Reden. Ich denke hier an alles- und somit nichtssagende Wörter wie „alternativlos" oder „zielführend". Oder an Bild-Floskeln wie „politische Hausaufgaben machen" oder „am Scheideweg stehen". Einmal ganz zu schweigen vom Diplomaten-Kauderwelsch in „harmonischer" oder gar in „freundschaftlicher Atmosphäre". Und dann gibt es noch Politiker, für die alles „sehr wichtig" ist und die immer nach neuen „fundamentalen Konzepten" verlangen. Allerdings ohne jemals zu sagen, was sie wirklich darunter verstehen! Ganz zu schweigen von der „schwierigen Lage", die sich seit Jahrzehnten „immer mehr zuspitzt". Kein Wunder, dass daraus Kauderwelsch-Gesetze, Kauderwelsch-Verträge, Kauderwelsch-Verordnungen, Kauderwelsch-Richtlinien oder Kauderwelsch-Abschlusserklärungen entstehen, die zumeist noch in Kauderwelsch-Reden, -Reportagen und -Artikeln ungefiltert verbreitet werden. Das vielleicht extremste Negativbeispiel hierfür war der sprachlich und inhaltlich vollkommen unverständliche „Vertrag über eine Verfassung für Europa". Bereits der Titel des 160.000-Wörter-Werkes war missverständlich. Kein Wunder, dass Kauderwelsch-Politik so zu Politik- und Politikerverdrossenheit führt. Letztlich ist es Kauderwelsch-Verdrossenheit. Oder positiv formuliert: die Sehnsucht nach erklärender Klarheit und erfrischender Authentizität.

Darüber hinaus wäre manchmal auch in der Politik Schweigen wirklich Gold. Wie angenehm wäre doch die politisch-mediale Landschaft, wenn jeder nur dann etwas sagt, wenn er auch wirklich etwas zu sagen hat. Doch zu oft wirken Mikrofone auf Politiker wie Magneten auf Metall. Und manchmal fehlen auch die notwendigen verständlichen Worte. Weil nicht verstanden werden soll. Weil nicht verstanden werden darf. Weil Verständnis nicht interessiert. Oft auch, weil nicht verstanden wird. Folgende Aussage des deutschen Wirtschaftsministers Philipp Rösler in der Schlecker-Debatte ist hierfür ein frappierendes Beispiel: „Jetzt gilt es, für die Beschäftigten – mehr als 10.000 vornehmlich Frauen, einzelne Mütter und ältere Frauen – schnellstmöglich eine Anschlussverwendung selber zu finden." Der Begriff „Anschlussverwendung" ist nicht nur ein sprachliches Unding! Er sagt auch viel über das Welt-, Menschen- und Wirtschaftsbild aus. Überhaupt sagen Wörter viel über jene Menschen aus, die sie sprechen. So auch der vielfach benutzte Begriff „Finanzindustrie", der eine eindeutige Verfremdung ist. Dem Wort geht immer die Idee voraus. Oder sie sollte es zumindest. Beim Kauderwelsch ist dies jedoch nicht immer der Fall. Kauderwelsch geht auch sehr gut, ja sogar besser ohne grundlegende Idee. Zumindest wirkt es dann glaubwürdiger. Diese Kauderwelsch-Form ist eigentlich eine Un-Sprache. Denn Sprache muss, soll sie Sinn machen, verstanden werden. Sonst verfehlt sie ihren Zweck. Gerade in der Politik als Staatskunst.

Eine andere Kauderwelsch-Form ist die vermeintliche Expertensprache. Umberto Eco hat einen „Experten" einmal so definiert: „Ein Mensch, der zu reden anfängt, wenn er zu denken aufhört, und umgekehrt." Man kann die Eco-Definition auch auf viele Politiker, die sich selbst zu oft als vermeintliche Experten in allen Fragen des öffentlichen Lebens präsentieren, im Medienzeitalter ausweiten. Einige wenige Textbausteine – etwa „verstecktes Potenzial freisetzen" oder alles „geopolitisch hinterfragen" – im Consulting-Kauderwelsch genügen hierfür. Dabei kann man nur mit einer klaren Idee im Kopf auch klar und verständlich sprechen. Die Worte müssen dabei der Sache folgen. Nicht die Sache den Worten. Nur mit einem klaren Verständnis einer politischen Sachfrage kann man den Menschen klare und verständliche Antworten geben. Oft, zu oft versteckt sich also hinter Politiker-Kauderwelsch schlichtweg Nicht-Verständnis, Nicht-Wissen, Nicht-Nachdenken. Aber man kann auch zu viel wissen. Oder zumindest das Wesentliche nicht vom Unwesentlichen unterscheiden. Gerade in der gegenwärtigen Schuldenkrise in der Eurozone, die völlig zu Unrecht als Eurokrise bezeichnet wird, kommt dies praktisch jeden Tag vor. Da ist dann die Rede von „systemischen Ereignissen"

Bundeskanzlerin Angela Merkel empfing im Februar 2012 in Stralsund den Luxemburgischen Ministerpräsidenten und Chef der Euro-Gruppe, Jean-Claude Juncker. Zwei Politiker, die die politische Sprache beherrschen.

oder von „weitreichenden Reformen". Und immer wieder inflationär von der „mythischen Macht Globalisierung" (Josef Klein). Allgemeinplätze und akademische Begriffe werden so zu Schlagwörtern fusioniert. Und dann zur rhetorischen Allzweckwaffe im Parlament, auf dem Parteitag und – besonders wichtig – in der Talkshow. Man könnte fast schon Kauderwelsch-Show sagen. Denn echte Diskussionsrunden ohne Sensationszapping werden immer seltener. Wie soll man so Vertrauen erhalten und erzeugen? Besser wäre es, Kind und Tatbestände beim Namen zu nennen. Auch Martin Heidegger hat also Recht, wenn er die oftmals verloren gegangene Schulung des Denkens wieder einfordert. Dennoch ist auch philosophisches Kauderwelsch nicht sehr viel besser als politisches. Aber es richtet in der Regel weniger Schaden an. Wobei auch Ideen klar formuliert sein wollen. Doch Politiker sind in einer Demokratie – im Gegensatz zu Film-, Fernseh- und Fußballstars, denen sie zu sehr nacheifern – zur verständlichen Rede verpflichtet! Nur so funktioniert positive Streitkultur. Nur so funktioniert wahre Volksherrschaft. Demokratie ist immer auch die Herrschaft des Wortes und der Begriffe. Demokratie sind keine bewegten oder unbewegten Hochglanzbilder mit Kauderwelsch-Berieselung! Worte entspringen nicht nur Ideen, Weltanschauungen und Menschenbildern. Sie prägen auch Ideen, Weltanschauungen und Menschenbilder! Und verständliche Sprache ermöglicht erst eine möglichst breite Debatte und Meinungsbildung, Entscheidungsfindung und Aktion. Eine Debatte, die allerdings oft bei Kauderwelsch-Politikern unerwünscht ist.

Dann wird Kauderwelsch-Politisch zur undemokratischen Herrschaftssprache, die das vermeintliche Herrschaftswissen und somit auch die Herrschaft der politischen Klasse zementieren soll. Eine solche Herrschaftssprache war jahrhundertelang das Latein. Und zwar nicht nur in der Kirche. Auch in Politik, Gesellschaft und Wissenschaft. Bei den Römern hingegen war es das Gegenteil von Kauderwelsch. Es war eine klare Sprache mit klaren Ideen, einer klaren Rhetorik und einer klaren Argumentation. Heute indes sind die Cäsars, Ciceros und Senecas rar gesät. So wie die Rhetorik-Lehrstühle an den Universitäten. Eigentlich ein Zivilisationsverlust trotz begrüßenswerter neuer Internet-Foren. Doch auch diese sind noch längst nicht das Forum Romanum. Aber sie können – mit weniger Kauderwelsch – ein solches für die Facebook-Generationen werden!

„Dem Volke aufs Maul schauen" war auch ein zentrales und richtiges Prinzip der historischen Bibelübersetzung Martin Luthers in eine neu zu schaffende deutsche Sprache. Heute wird diese luthersche Tugend zumeist mit Meinungsumfragen pervertiert. Eigentlich wollte der Reformator – Luther war auch ein genialer Reformator der deutschen Sprache – aber schlichtweg eine Sprache schaffen und schreiben, die auch verstanden wird. Und die eben kein Küchenlatein-Kauderwelsch mehr war. „Dem Volke aufs

Maul schauen" bleibt deshalb auch im 21. Jahrhundert ein wichtiger Leitsatz für Politiker und alle, die öffentlich sprechen und verstanden werden wollen. Was Luther damit meint, hat niemand besser verstanden als der ehemalige britische Premierminister und Literaturnobelpreisträger – dies wird oft vergessen – Winston Churchill: „Kurze Wörter sind am besten, und die alten kurzen Wörter sind am allerbesten."

Aber wer beherzigt Luther und Churchill schon noch, wo es doch so einfach ist, in Kauderwelsch-Floskeln zu sprechen? Denn einfaches Sprechen und Schreiben ist schwieriger als kompliziertes. Und wie bequem ist es doch, sich hinter Kauderwelsch-Aussagen zu verstecken! „Langue de bois" nennen die Franzosen dies. Gemeint sind wohlklingende und schmückende, letztlich aber nichtssagende Worte oder verschleiernde Worthülsen. Dabei ist der Gebrauch der Sprache auch eine Frage des Respekts. Nicht nur vor der Sprache selbst. Vor allem vor den Menschen, vor den Bürgern, vor den Steuerzahlern, vor Journalisten, vor Politikerkollegen, vor sich selbst. Immerhin finden laut der „sprichst du politik"-Studie der Friedrich-Ebert-Stiftung fast 60 Prozent der Deutschen die Sprache ihrer Politiker „zu abgehoben". Vor allem junge Menschen sind dieser Auffassung. Und liegen damit so falsch nicht. Allerdings ist diese Kauderwelsch-Abgehobenheit nicht nur ein deutsches Problem. Denn die Welt ist nicht immer einfach. In der Regel ist sie sogar sehr kompliziert und komplex. Wie kein anderer hat dies etwa der französische Soziologe Edgar Morin wissenschaftlich herausgearbeitet. Zumeist sogar in recht klarer Sprache. Politische Sachlagen darf man deshalb nicht durch eine falsche Vereinfachung verzerren. So wie es etwa links- und rechtsextremistische Parteien tun. Und damit auch Erfolg haben, wie die jüngsten Wahlen etwa in Frankreich und auch in Griechenland zeigen. Wohl aber darf, muss man komplexe Wirklichkeit in verständliche Worte übersetzen. Denn die sprachlich-historische Lehre aus dem Erfolg der Extreme ist die Abkehr vom Kauderwelsch-Politisch! Ein Grund für den Zulauf zu den Extremen nämlich ist die vermeintlich klare Sprache dieser Gruppierungen. Deshalb dürfen die Politiker des demokratischen Spektrums den Extremisten nie wieder die Klarheitshoheit der Sprache überlassen. Im Gegenteil: Gerade in der Mitte muss Klartext statt Kauderwelsch gesprochen werden. Ein unverzerrter Klartext. Ein Klartext, der auf klaren Ideen und klaren Analysen beruht. Ein Klartext, der vereinfachen muss, aber nie verfälschen darf. Ein Klartext, der mit Wissen überzeugt und mit Werten bewegt.

Gleichzeitig ist das Politiker-Kauderwelsch auch ein Grund für die zunehmende Politikverdrossenheit. Wer will schon einem Politiker zuhören, den er nicht versteht? Etwa wenn dieser von „Ressourceneffizienz" oder „Eskapismus" spricht. Wer will schon einem Politiker zuhören, den er für ideenlos hält? Wer will schon einem Politiker zuhören, den er für inkompetent hält? Stichwort: „Wir müssen das erst noch prüfen." Wer will schon einem Politiker zuhören, den er für überheblich hält? Oder respektlos: Denn verständliche Worte sind immer auch Ausdruck des Respekts für andere Menschen. Und letztlich immer auch Ausdruck von echter Sachkompetenz. Und von sozialer Intelligenz erst recht. Denn die verständliche Darstellung einer Sache oder eines Zusammenhangs setzt zunächst immer Verständnis und Intelligenz voraus. Hinter Jargon und technokratischen Wörtern versteckt sich oft viel unverdautes Unverständnis. Und manchmal sogar Inkompetenz oder geistige Faulheit. Der politisch-sprachlichen Kultur wäre derweil mehr gedient mit dem punktuellen öffentlichen Eingeständnis des Nicht-Wissens. Allerdings darf Letzteres auch nicht zur Gewohnheit oder gar zum Programm werden. Ein Negativbeispiel hierfür ist zweifelsohne die Pseudo-Programmatik der Piraten.

Die Bedeutung der Worte, der Sprache, der Rede jedenfalls darf keineswegs unterschätzt werden. Auch wenn heute der Fokus eher auf dem bereits erwähnten bewegten und unbewegten Bild als auf dem bewegenden Wort liegt. Dies ist eine Fehlentwicklung der politischen Klasse! Also sowohl von der Politik selbst als auch von der beobachtenden Presse. Zu oft wird das Politiker-Kauderwelsch von Journalisten unkritisch und unüberprüft übernommen. So entsteht dann schnell eine veröffentlichte Kauderwelsch-Meinung mit erheblichen Auswirkungen auf die politische Meinungsbildung. Dieser Kauderwelsch-Prozess birgt in sich die Gefahr einer Kauderwelsch-Gesellschaft, die nur noch in leicht zu manipulierenden infantilen Bildern denkt. Es ist die Gefahr einer postdemokratischen Gesellschaft mit fast prähistorischen Zügen. Doch gemach: Auch heute noch steht das Wort im Anfang. Dann erst folgen die Bilder. Das Wort ist langfristig stärker. Auch wenn Bilder Worte überschwemmen und lange nachwirken können. Doch selbst bei Fotos und Videos, bei Logos und Symbolen gilt die goldene Regel der Verständlichkeit der Bildsprache. Das Kauderwelsch-Chaos der Bilder ist vor diesem Hintergrund mindestens so groß wie das Kauderwelsch der Worte. Und zwar längst nicht nur in der Politik.

Zurück zur Grundfrage: Seneca hat es im alten Rom so gesagt: „Ausschweifende Rhetorik ist Ausdruck der allgemeinen Zügellosigkeit." Was hätte er wohl zur heutigen Kauderwelsch-Rhetorik gesagt? Vielleicht, dass Kauderwelsch-Sprache Ausdruck des allgemeinen Chaos der Gegenwart ist? Könnte es mithin nicht sein, dass Kauderwelsch nur ein Symptom einer tiefergehenden Staats- und Gesellschaftskrise ist? Ein politisch-gesellschaftliches, vielleicht sogar ein zivilisatorisches Chaos, das man durchaus mit Worten wie Sinnkrise, Ideenkrise, Wertekrise beschreiben kann. Denn die Krise der Worte ist oft nur ein Symptom für die Krise der Werte. Die Worte-Krise wiederum kann die Werte-Krise rückkoppelnd verstärken. So entsteht eine gefährliche Anti-Sinnspirale, die nicht nur Kauderwelsch produziert, sondern sehr schnell auch gefährlich für unser Gemeinwesen, ja für unsere Zivilisation werden kann. Weil so sehr schnell auch eine Kauderwelsch-Politik entstehen kann, die noch mehr Politik-, Demokratie- und übrigens auch Europaverdrossenheit produziert. Nicht zuletzt in Deutschland.

Apropos Europa: Europa und im Übrigen auch der Euro sind ein Lieblingsthema der Kauderwelsch-Politiker und Kauderwelsch-Technokraten. Dabei ist diese Rede über Europa zumeist reduzierend oder nichtssagend. Denn sie verkennt sowohl die tiefe Friedensdimension als auch die Mut machende Zukunftsperspektive des europäischen Projekts. Und sie verengt Europa zu oft auf seine wirtschaftspolitische Dimension. Mit Euro-Kauderwelsch jedenfalls erreichen Politik und Medien die Menschen nicht. Im Gegenteil: Sie machen ihnen nur unbegründete Angst vor Europa und vor der „Eurokrise". Überhaupt produzieren „globale Krisen" immer auch Krisen-Kauderwelsch. Oftmals nicht ohne nationale Macht-Hintergedanken. Gleiches gilt im Übrigen auch für plakative Kauderwelsch-Kritik an Europa. Etwa wenn sich hinter „denen in Brüssel" versteckt wird. Oder wenn der „Superstaat Europa" für jedes nationale Problem verantwortlich gemacht wird.

Denn Sprache ist auch Macht. Und Macht ist Sprache! „Sprache ist eine mächtige Lenkerin, die Denken, Empfinden und Werten in einer Weise vorprägt, von der man sich oft nur durch Erfahrung oder erhebliche geistige Anstrengung befreien kann", schreibt richtigerweise der Sprachexperte Josef Klein. Sprache ist indes immer nur Mittel oder Instrument, nicht Zweck oder Ziel! Zunächst einmal ist sie ethisch neutral. Aber ihr politisch-gesellschaftlicher Gebrauch ist es nie. Die Wahl der Worte ist deshalb immer auch eine Frage der politisch-persönlichen Verantwortung. Worte sind nicht unschuldig! Verbale Gewalt zieht oft genug auch staatliche und körperliche Gewalt nach sich. Dies trifft sowohl für Kriege, die als „bewaffnete Konflikte" mit „Kollateralschäden" schöngeredet werden, zwischen Staaten als auch für terroristisch-extremistische Gewalt zu. Der richtige Umgang mit öffentlicher politischer Sprache ist deshalb nicht sophistisch-verschleiernd, sondern platonisch-wahrheitssuchend! Nur so kann sie auch wahrheitsfindend sein. Und mit ihr die krisengebeutelte Politik. Denn Sinn- und Wertekrisen sind immer auch Krisen der Sprache, Krisen der Wahrheitssuche. Der Wahrheit des Wortes. Der Wahrheit des Menschen. Doch wer fragt schon noch nach der Wahrheit? Wer sucht sie noch? Interessiert sie überhaupt noch? Oder stört sie eher bei der neuen medialen Wackelpudding-„Wahrheit" im wehenden Wind der Meinungsumfragen? Denn wer die Macht über das Wort hat, hat auch die Macht über das vorgegebene Denken. Und somit die Macht über eine Mehrheit der Menschen.

Rede und Antwort stehen: Der Vorsitzende der Euro-Gruppe, Jean-Claude Juncker, im April 2012 in Hamburg bei der Diskussionsveranstaltung „Der Montag an der Spitze". Die Gesprächsreihe ist eine Veranstaltung des Magazins „Der Spiegel" und der Körber-Stiftung, Themenschwerpunkt der Diskussion waren Strategien gegen die Krise.

Freiheit beginnt deshalb politisch immer mit der Freiheit des öffentlichen Wortes. Und zuvor im Innern des Menschen mit der Freiheit des Denkens. Natürlich ist der Mensch dabei auch frei, Kauderwelsch zu denken und zu reden. Aber Politiker sollten dies lieber Berufskomikern überlassen. Sonst werden sie selbst – freiwillig oder unfreiwillig – zu komischen, tragischen oder tragikomischen Figuren. Was freilich keineswegs bedeutet, dass Politiker ohne Humor sein sollen. Humoristische Pointen erfordern im Gegenteil höchste rhetorische Präzision. Dies bedeutet just, dass Politiker sich vom verantwortungslosen Kauderwelsch verabschieden sollen. Nicht zuletzt deshalb ist lebenslange politische Bildung so wichtig. Für Kauderwelsch-Politiker. Für Kauderwelsch-Journalisten. Für Kauderwelsch-Forscher. Aber auch für die Bürger, um Kauderwelsch besser zu erkennen. Denn eine Kauderwelsch-Demokratie ist immer nur eine Schein-Demokratie. Freiheit und Demokratie sind nur mit der klaren Idee der Freiheit und dem klaren Wort der Wahrheit möglich. Mensch-Sein auch. Sein überhaupt …

Roman Herzog

Kauderwelsch: Rede und „Schreibe"

Dass sich Sprachen, Kultursprachen zumal, ständig wandeln, ergänzen, „modernisieren", brauche ich hier nicht besonders zu betonen, das versteht sich von selbst. Wer es nicht glaubt, braucht nur einmal die ursprüngliche Bibelübersetzung Luthers mit dem autorisierten Text von heute zu vergleichen, oder er kann die berühmten Sherlock-Holmes-Geschichten von Conan Doyle lesen, die vor noch nicht 150 Jahren in der Umgangssprache der Engländer geschrieben wurden, heute aber ein durchaus gehobenes Bildungsenglisch vermitteln.

Es geht hier also nicht darum, die moderne Umgangssprache oder gar die daneben bestehende „Schriftsprache" zu denunzieren, weder im Deutschen noch im Englischen, und es kann auch nicht um eine lückenlose Kritik an den zahllosen Fachausdrücken gehen, die uns Wissenschaft und Technik fast alltäglich bescheren; denn natürlich braucht jede neue Erkenntnis, jeder neue Apparat, jedes neue Verfahren auch eine neue Bezeichnung.

Anders verhält es sich freilich mit jenen Sprachungetümen, in denen sich deutsche, lateinische, griechische und englische Wortteile paaren und die dann noch zu den abenteuerlichsten Buchstabenkombinationen gekürzt werden. Aber immerhin: Solange nur die Wirtschaft derlei treibt, soll das ihre Sache sein. Nur wenn die Entwicklung dann auch Gesetzesbezeichnungen erfasst und auch diese im Untertitel noch zu völlig unverständlichen Kürzeln zusammengestrichen werden, beginnt die Sache ärgerlich zu werden.

Aber lassen wir auch das – zunächst soll es nicht um ungeschickte Bezeichnungen neuer Gegenstände und Sachverhalte gehen, sondern um ihre Begleiterscheinungen in der Umgangssprache, um eine Art Parallelwertung in der Laiensphäre, das aber unter weitestgehender Ausdehnung des Laienbegriffs: einfache Bürger unterschiedlichen Bildungsgrades, Wissenschaftler auf anderen Fachgebieten als ihrem eigenen, nicht zuletzt Journalisten und Politiker, die in jedem Fachgebiet mitreden. Sie alle wollen (und müssen oft sogar) an öffentlichen Diskussionen teilnehmen, ohne vom jeweiligen Gegenstand allzu viel zu wissen. So bleibt ihnen nichts anderes übrig, als die von – oft nur scheinbar – autoritativer Seite er-

(geb. 1934) Bundespräsident a.D. Zuvor Kultusminister (1978-80), Innenminister (1980-83) in Baden-Württemberg. Dann Richter am Bundesverfassungsgericht, ab 1987 dessen Präsident. 1994-99 Staatsoberhaupt. Legendär seine Berliner Rede: „Durch Deutschland muss ein Ruck gehen." Lebt heute auf Schloss Götzenburg, in Jagsthausen, Baden-Württemberg.

Roman Herzog

Altbundespräsident Roman Herzog erhielt im Beisein des Kuratoriumsmitglieds Sabine Christiansen und des damaligen niedersächsischen Ministerpräsidenten und Schirmherrn Christian Wulff 2005 in Hannover den Leibniz-Ring. Herzog wurde für seine berühmt gewordene „Ruck-Rede“ ausgezeichnet.

fundenen „Fachausdrücke“ zu benutzen, erstens um überhaupt mitreden zu können und zweitens um sich dann doch etwas den Anstrich des Eingeweihtseins zu geben.

Was ist in den letzten Jahren nicht alles an solchen spinnösen „Fachausdrücken“ über uns hereingebrochen? Ich biete nur eine kleine Auswahl: Als in den USA die Hypothekenkrise ausbrach, kam mit ihren Auswirkungen der Ausdruck „Subprime-Krise“ (manche Gebildeten sagen natürlich „subprime crisis“) zu uns. Nur wenig später erreichte die Krise nicht nur die europäischen Banken, sondern selbstverständlich auch die „Realwirtschaft“. Das gab schon zu denken, denn man fragte sich jetzt natürlich, ob das Bankwesen vielleicht eine Irrealwirtschaft oder gar eine Fantasiewirtschaft sei – aber wie kann ein Fantasiegebilde in der Wirtschaft ein solches Tohuwabohu anrichten, wie wir es gegenwärtig erleben? Folgerichtig begannen die Banken nun aber von sich als von einer „Finanzindustrie“ zu sprechen, obwohl sie eindeutig keinerlei nützliche Maschinen oder Waren anzubieten haben – die „richtige“ Industrie muss das als ein neues Beispiel von „Haltet den Dieb“-Rufen erlebt haben. Übrigens kann solch eine Krise selbstverständlich auch nicht ohne Rückgriffe auf die mit Recht so gerühmte Juristensprache vonstatten gehen. Dementsprechend ist es in letzter Zeit wieder sehr populär geworden, von „Bringschulden" zu sprechen. Diesen Ausdruck gibt es unter Juristen zwar seit langer Zeit. Heute bedeutet er aber vor allem, dass jemand etwas möchte, die entsprechende Leistung also von einem anderen erwartet. Wasch mir den Pelz ... Warum fällt mir gerade jetzt ein, dass der nächste „Fachausdruck", über den bei mäßigen Kenntnissen umso heftiger gestritten werden wird, wohl „Bond" sein wird? Ohne „James" natürlich!

Dass sich Wortbildungen wie die geschilderten fast aus dem Nichts entwickeln, ist an sich nicht überraschend – wenn sich neue Entwicklungen einstellen und wenigstens in das allgemeine Bewusstsein eindringen, sind eingängige Bezeichnungen wie schon gesagt notwendig, und je mehr sich die Öffentlichkeit damit beschäftigt, desto rascher gehen sie in den Wortschatz der Massen über. Problematisch ist nur, dass das Rezeptionstempo meist auf Kosten der Genauigkeit geht, dass sich also, um das präzise zu sagen, die verschiedenen Interessenten unter so einem Ausdruck höchst Verschiedenes, zumindest aber nicht ganz dasselbe vorstellen. Ein verantwortbares Diskussionsergebnis kann sich so nicht herausbilden, der neue Begriff führt häufig zu ungenauen, nur teilweise richtigen Ergebnissen und deshalb führt die Diskussion, die er eigentlich anstoßen und fördern sollte, auch nicht zu ihrem Ziel. Richtig wäre es, auf den Anschein, man sei geistig auf der Höhe der Zeit, von vornherein zu verzichten und stattdessen mit dem herkömmlichen Begriffsinstrumentarium zu arbeiten. Das ist vor allem von den führenden Politikern zu verlangen, gerade auch von den Mitgliedern unserer Parlamente.

Aber das Gegenteil geschieht. Gegenwärtig sind es die Euro-Bonds, die auf diese Weise verkitscht werden. Grundsätzlich führen sie natürlich zu einer Mithaftung der stärkeren Euro-Staaten für Schulden, die sie nicht gemacht haben, und darauf sollte sich keine vernünftige Regierung einlassen. Wenn aber von glaubwürdiger Seite behauptet wird, man könne sich auch solche Euro-Bonds vorstellen, bei denen das nicht der Fall sei, dann droht die Gefahr, dass die Vertreter beider Seiten in Wahrheit über verschiedene Dinge streiten, und dann beweist die Festigkeit, mit der die einen für Euro-Bonds, die anderen aber dagegen votieren, nicht so sehr Charakterstärke als vielmehr Freude am geistigen Kurzschluss. Der interessierte Bürger aber steht, sofern er von der Sache nur halbwegs eine Ahnung hat, staunend daneben. Ist er gutwillig, so denkt er sich „Kauderwelsch", ist er es nicht, so fühlt er sich ganz einfach hinter die Fichte geführt. Der Demokratie dient weder das eine noch das andere.

Damit kommen wir zu den diffizileren Gründen für das Unbehagen, das viele von uns über die Entwicklung unserer Sprache empfinden. Ich spreche jetzt weder von den schon erwähnten Fachausdrücken noch von den neuen Fremdwörtern, die über uns hereinbrechen; das hat es in früheren Jahrhunderten genauso gegeben. Wichtiger ist schon die immer noch wachsende Bedeutung des geschriebenen, gedruckten Wortes gegenüber dem gesprochenen. Man kann es drehen und wenden, wie man will: Das geschriebene Wort beruht auf einem gewaltigen, oft sinngefährdenden Abstraktionsvorgang; denn es blendet alles aus, was dem gesprochenen Wort wie selbstverständlich anhaftet – die Situation des Redners wie des Zuhörers, ihr gemeinsames Vorerleben, die Atmosphäre, in der gesprochen und gehört wird, ja selbst Tonfall, Lautstärke, Gesichtsausdruck, Gestik und Akzent des Sprechenden.

Ich habe dazu ein wunderschönes Beispiel: Auf dem Herbstparteitag 1973 der CDU gab es heftige Debatten über die Frage, wie sich die Partei in der gerade tobenden Diskussion um die Weiterentwicklung der Mitbestimmung verhalten solle. Helmut Kohl, damals erst seit einigen Monaten Bundesvorsitzender, setzte seine vom Bundesvorstand gebilligte Linie mit einer Rede durch, an deren Ende er ungefähr Folgendes sagte: „Wir können mit Ja stimmen oder wir können mit Nein stimmen, aber eines können wir nicht: mit Jein stimmen!" Nach meinem sicheren Eindruck war das der entscheidende Satz, aber doch auf höchst irrationale Weise. Mitbestimmung ist schon begriffsnotwendig eine Frage des Mittelwegs, und wer den Satz heute in einem Protokoll läse, der würde ihn schlichtweg für Unsinn halten. Das war er aber nicht; denn den Delegierten steckte damals noch die Erfahrung mit den Ostverträgen in den Knochen, die ein Jahr vorher stattgefunden hatte und in der sich die CDU genau mit einem Jein aus der Affäre gezogen hatte. Im Protokoll erhalten ist aber – naturgemäß – nur die Rede vom Herbst 1973, nicht die Atmosphäre, in der sie gehalten wurde, und noch weniger der Erfahrungshorizont der seinerzeitigen Hörer.

Die Sache wäre kaum erwähnenswert, wenn sie nicht zu der Tatsache überleiten würde, dass heute viele gelesene Texte nur deshalb so fremdartig erscheinen, weil sie eigentlich gesprochenes Wort wiedergeben, und dass umgekehrt viele Redemanuskripte schon im Hinblick auf einen späteren Abdruck abgefasst werden, was oft genug zur Wahl redeungeeigneter Vokabeln und Satzkonstruktionen führt. Kurt Tucholsky hat in seinen Ratschlägen für einen guten Redner für „Hauptsätze, Hauptsätze, Hauptsätze" plädiert und damit Recht gehabt. Wer den Abdruck eines Textes aber schon vor der Rede im Sinn hat, der ist auf einer schiefen Bahn, die zu ganzen Systemen von Nebensätzen, Parenthesen und Partizipialkonstruktionen führt, und wenn diese dann in der Rede selbst auftauchen, glaubt der Zuhörer alsbald, er tanze auf der falschen Hochzeit. Als Vorsitzender meines Senats am Bundesverfassungsgericht hatte ich oft mit Anwälten zu tun, die ihre hochwissenschaftlichen und damit sprachlich hochkomplizierten Schriftsätze möglichst vollständig noch einmal verlesen wollten. Der Arbeit des Senates und damit auch dem Interesse ihrer Mandanten war das wenig förderlich, und so habe ich solche Vorlesungen denn unterbunden, so gut es ging.

Übrigens spielt gerade in diesem Zusammenhang auch der Unterschied zwischen Hochsprache und Umgangssprache eine Rolle, der nicht mit dem Unterschied zwischen Rede- und Schreibstil verwechselt werden darf. In der Überschrift zu dieser kleinen Betrachtung habe ich mir erlaubt, diese beiden Unterscheidungen miteinander zu kombinieren – aus „pädagogischen" Gründen natürlich. Aber „Schreibe" ist zwar ein Element der gegenwärtig gültigen Umgangssprache, keineswegs jedoch ein Element der „Schriftsprache", die ja gerade als ein besonders ausgereiftes Element der Hochsprache gilt. Das Dilemma

Der ehemalige Bundespräsident Roman Herzog war 2000 selbst unter die Talkmaster gegangen, hier im Gespräch mit Altbundeskanzler Helmut Schmidt. Roman Herzog ging es darum, eine Sendung zu machen, in der es möglich sein sollte, ohne Zeitdruck Gedanken auch in längerer Form auszuführen.

konnte in diesem Fall durch den Einsatz sogenannter Anführungszeichen etwas gemildert werden. Dass auch damit nicht jedes derartige Dilemma zu lösen ist, zeigt aber ein Beispiel, das ich im Jahre 1988 in einer Rede zum 17. Juni am eigenen Leibe erlebte. Ich sprach damals über die deutsche Nationalhymne und rühmte besonders, dass sie nicht nur mit militärischem Gepränge, sondern auch in der Gestalt eines Streichquartetts präsentiert werden könne. Aber wie drückt man aus, was ich soeben als militärisches Gepränge bezeichnete? „Pauken und Trompeten" hätten sich zwar angeboten, wären aber der Dignität des Gegenstandes nicht gerecht geworden – mit Pauken und Trompeten kann man schließlich auch durchs Examen rasseln. Also sagte ich „mit Pauken und Tschinellen", wohl wissend, dass es sich bei letzterem um ein süddeutsches Wort handelt, das in anderen deutschen Regionen entweder gar nicht verstanden oder doch dem Dialekt zugerechnet wird. Gewiss, ich hätte auch – gesamtdeutsch – von Becken sprechen können, doch dieses Wort wäre, mit seinen beiden schwächlichen „e" zumal, für meinen Geschmack zu farblos geblieben. „Tschinellen" dagegen lässt das Jauchzende anklingen, das man jedenfalls bei einer Hymne empfinden kann, die Einigkeit und Recht und Freiheit feiert.

Man sieht: Es gibt Dutzende, wenn nicht Hunderte von Möglichkeiten, die menschliche Rede schwierig, ja verwirrend und unverständlich abzufassen, und es liegt dann sehr, sehr nahe, dass die Konsumenten solcher Reden sich abwenden oder gar von Kauderwelsch sprechen. Das vor allem sollte ein Redner meiden; denn schließlich hat er die Sprache, um verstanden zu werden, und wenn das nicht einigermaßen sicher ist, bleibt er dem Rednerpult am besten gleich fern.

Übrigens: Der Ausdruck „Kauderwelsch" hängt nicht damit zusammen, dass gegenwärtig ein Fraktionsvorsitzender im Bundestag den Namen Kauder trägt. Dieser spricht auch gar nicht welsch, sondern schwäbisch.

Hans-Dietrich Genscher

„Die eigene Sprache achten – andere Sprachen lernen!"

Die Welt wächst immer mehr zusammen, die Deutschen sind das reisefreudigste Volk geworden. Die Kenntnis anderer Sprachen gehört heute zu den Bildungsvoraussetzungen in allen beruflichen Bereichen. Im Schulunterricht muss deshalb die Kenntnis anderer Sprachen gefördert werden. Die deutsche Sprache war am Anfang des 20. Jahrhunderts weiter verbreitet als heute. Erfreulich aber ist, dass das Interesse am Erlernen der deutschen Sprache vor allem in Europa wieder ansteigt. Umso befremdlicher ist es, dass in Deutschland die Pflege der eigenen Sprache mehr als nur vernachlässigt wird. Gewiss, die englische Sprache ist heute die Verständigungsbrücke weltweit. In den dunklen zwölf Jahren von 1933 bis 1945 ist auch die Chance einer weiteren Verbreitung der deutschen Sprache verspielt worden. Und Deutsch als weltweite Wissenschaftssprache ist nur noch Erinnerung. Das alles ist unumkehrbar, eine moderne Bildungspolitik muss sich darauf einstellen. Denn es geht um Lebenschancen für unsere jungen Menschen, es geht um die Wettbewerbsfähigkeit der Deutschen am weltweiten Arbeitsmarkt und es geht um Deutschland als Standort.

Aber heißt das nun, dass wir im täglichen Sprachgebrauch, aber auch im Schriftverkehr zunehmend englische Begriffe verwenden müssen? Was soll man davon halten, wenn man zu einem „Get-together" eingeladen wird, das um 18 Uhr beginnt und das „Open End" hat. Eine Veranstaltung, bei der das „Outfit" freigestellt wird, die in einer freundlichen „Location" stattfindet, bei der es „Drinks" gibt und „Fingerfood" und wo am „Meetingpoint" „Buttons" verteilt werden. Man sollte sich in der eigenen Sprache ausdrücken können, und man sollte versuchen, andere Sprachen optimal zu erlernen. In einem Kauderwelsch zu reden und zu schreiben ist das Gegenteil davon.

Wie überall, ist auch hier Engstirnigkeit fehl am Platze. So wie wir uns freuen, dass wir das Wort Kindergarten in der englischen Sprache wiederfinden, so können die Engländer mit Recht Stolz darauf sein, dass sie das Wort „fair" zu einem weltweit gültigen Begriff gemacht haben.

Deutschtümelei ist auch hier nicht gefragt, aber der Respekt vor der eigenen Muttersprache schon.

(geb.1927) Rekordhalter: 33 Jahre Bundestag, 23 Jahre Innen- bzw. Außenminister, 11 Jahre FDP-Vorsitzender. Heute zahlreiche Ehrenämter, darunter FDP-Ehrenvorsitz. Achtfacher Ehrendoktor. Schreibt Kolumnen, ist ein begehrter Redner. Gesundheitlich ein Stehaufmännchen: 5 Operationen. Lebt in Bonn.

H.-D. Genscher

Der 21. Februar als Tag der Muttersprache sollte zu einem Tag der Besinnung werden. Der Besinnung auf die Schönheit der eigenen Sprache, auf die Vielfalt der Sprachen anderer Völker, beides als Ausdruck kultureller Identität, und darauf, dass die Kenntnis anderer Sprachen Ausdruck eigener Qualifizierung ist, dass sie die Chance eröffnet, andere Völker, andere Kulturen besser zu verstehen – im umfassenden Sinne des Wortes „verstehen".

Mit dem richtigen „Outfit" am „Meetingpoint": Anglizismen erobern die gesprochene Sprache allerorten.

Sigmar Gabriel

Ich bin bekennendes Mitglied des Vereins für deutliche Aussprache!

„Man muss die Mutter im Haus, die Kinder auf den Gassen, den gemeinen Mann auf dem Markt drum fragen, und denselbigen auf das Maul sehen, wie sie reden und darnach dolmetschen; da verstehen sie denn und merken, daß man deutsch mit ihnen redet." – Was für den großen Reformator Martin Luther bei seiner Bibelübersetzung in die deutsche Volkssprache galt, das ist für mich als Lutheraner und Politiker bis heute Richtschnur im Umgang mit Sprache, Politik und Alltagswirklichkeit.

Worum ging es Martin Luther? Und was muss unser Anspruch im Umgang mit politischer Sprache sein? Im Kern: verstanden werden, weil man sich allgemein verständlich ausdrückt. Und noch etwas: Luther wollte nicht manipulieren; er hatte keine billige Vereinfachung von schwierigen Sachverhalten für die Dummen im Land im Sinn. Im Gegenteil! Eine Bibel in volkstümlicher Sprache verstehen, so hat er sich wohl gesagt, das hilft dabei, auf Gott und das ganz eigene Verstehen seines Wortes zu vertrauen; das befähigt Menschen zu eigenem Denken und befreit von der Bevormundung durch die Kirche. Deshalb, finde ich, sollten Politiker Luthers Maxime beherzigen: Sie wirkt im besten Sinne aufklärend.

(geb.1959) Abitur, Wehrdienst, Gymnasiallehrer. Mit 17 Eintritt in die SPD. Karriere: Ratsmitglied in Goslar, MdL Niedersachsen, SPD-Fraktionsvorsitzender, 1999-2003 Ministerpräsident. 2005 Wechsel nach Berlin: Bundestagsabgeordneter, Umweltminister (2005-2009). Seit 2009 SPD-Vorsitzender. Möglicher Kanzlerkandidat für 2013. Sprachästhetiker.

Sigmar Gabriel

Vor der Politik habe ich einen normalen Beruf erlernt. Ich war Lehrer. Mich hat im Studium der Satz des Reformpädagogen Hartmut von Hentig inspiriert, Schule solle Menschen stärken und Sachen klären. Und zwar in dieser Reihenfolge. Sich zuerst darüber klar werden, wie man Menschen stärkt, und dann Sachen klären: Das fand ich einen richtigen Weg für die Politik, denn das ist eine bleibend aktuelle Form der Aufklärung. Seit meiner Zeit bei der Jugendorganisation „Sozialistische Jugend Deutschlands – Die Falken" bin ich ein bekennendes Mitglied des Vereins für deutliche Aussprache. Zugegeben: Man macht sich nicht immer beliebt damit. Manchmal eckt man mit deutlichen Worten an. Aber ich finde, nur mit einer gewissen Zuspitzung kann man in der Politik Sachverhalte klären. Politiker, die mit ihrer Sprache verschleiern wollen, gibt es genug. Und dann gibt es solche, welche die Verschleierung den Werbern überlassen. Da wird dann schnell aus einem Gesetz, das Mütter aus dem Arbeitsleben fernhalten wird, ein Betreuungsgesetz. Im Verein für deutliche Aussprache nennt man solche Angebote eine Mogelpackung, weil sie Sachverhalte verschleiern!

Alles, was Menschen in die Lage versetzt, sich ein eigenes Urteil zu bilden, stärkt sie. Davon bin ich fest überzeugt. Und dazu gehört, dass sie Ereignisse, Entwicklungen und Entscheidungen in verständliche Sprache „übersetzt" bekommen, um eine Sache zu verstehen. Insofern sind gute Politiker auch Welterklärer. Für mich gilt jedenfalls: Wer sich beim Erklären hinter der Komplexität eines Sachverhaltes versteckt, hat sich nicht genug bemüht beim Herausarbeiten der wichtigen Dinge und Informationen. Wer in der Politik davon redet, dass etwas zu kompliziert sei, um es auf einfache Weise zu erklären, der will keine Sache klären. Der will verschleiern. Und wer sagt, etwas sei alternativlos, der nimmt den Bürgern ihr demokratisches Grundrecht der Wahl.

Komplizierte Probleme klären, sie öffentlich beraten, und die eigenen Vorschläge und Lösungen verständlich zur Wahl stellen, damit die Bürgerinnen und Bürger entscheiden können: Darin besteht die Aufgabe von Politikern und Parteien. An vielen Stammtischen und in immer mehr Medien hört man das heute anders. Da heißt es, da müsse mal einer einfach auf den Tisch hauen. Die wachsende Ungeduld von Bürgerinnen und Bürgern kann ich gut

Jürgen Trittin, Sigmar Gabriel, Günther Jauch, Ursula von der Leyen und Philipp Rösler in der Talk-Show „Günther Jauch" im Mai 2012. Hier sollte über das Thema „Wahlschlacht, die zweite – Merkel in Not?" Klartext gesprochen werden.

verstehen, wenn sich die Lösung großer Probleme mal wieder hinzieht: Aber ich finde, simple „Klartexter" haben wir genug im Land, und sie haben bereits einen nicht unerheblichen Schaden angerichtet!

„Klartexter" sind für mich Populisten: Das sind Leute, die mal eben ganz ungeschützt und mutig ein Problem ansprechen, statt für eine – oft komplexe – Lösung zu werben; das sind Politiker, die politische Führung anmahnen, statt sie zu bieten; Politiker, die eine angeblich unbequeme Wahrheit aussprechen oder ein vermeintliches Tabu brechen, aber die Mühe scheuen, auch gleich einen konkreten Vorschlag zu machen. Das alles ist wohlfeile populistische Anti-Politik. Sie vereinfacht da, wo es wirklich schwierig ist. Sie schafft dort Distanz, wo Nähe zu den Problemen von Menschen hilfreich wäre. Sie spaltet dort, wo Allianzen auch unter den Wählern nötig wären. Sie hetzt Menschen gegen etwas auf, wo man besser bei ihnen für etwas werben sollte.

Ich komme auf Luther zurück: Den Menschen auf das Maul schauen wollte er. Aber das bedeutete für ihn nicht, dass man ihnen nach dem Mund reden solle. Luther hat keine vereinfa-

chende Sprache für seine Bibelübersetzung gewählt. Er hat um Worte gerungen; sie sollten so anschaulich, aber auch so zutreffend und sachgerecht wie möglich sein. An seiner Bibelübersetzung sollten sich Menschen abarbeiten, sich auch reiben und sich mühen beim Lesen dieser Urschrift des christlichen Glaubens. Nur aus einer solchen intensiven Beschäftigung entsteht Überzeugung, Ablehnung oder eben auch ein eigener Glaube.

Davon kann bürgernahe Politik lernen. Sagen, was ist. In einer der Sache angemessenen, respektvollen Weise. Dazu gehört auch zu sagen, für was man selbst steht. In aller Klarheit. Das setzt die gedankliche Klärung eines Problems voraus. Ein weiteres kommt hinzu: Wenn ich in den Dialog eintreten will, dann muss ich auch zuhören können. Wenn ich überzeugen will, dann muss ich auch bereit sein, mich mit einer anderen Ansicht zu beschäftigen. So sieht für mich ein offener, klärender Dialog zwischen gleichberechtigten Menschen aus.

Wer sich an diese Maxime hält, der mag Streit auslösen. Der wird Widerspruch begegnen, aber eben auch ehrliche Zustimmung bekommen. Das ist das Wesen der Demokratie. Und das ist Aufklärung, wie ich sie verstehe. Denn sie setzt Klarheit des Denkens und der Sprache voraus.

Michael Glos

„Euer Ja sei ein Ja, euer Nein ein Nein"

So steht es bei Matthäus in der Bibel (Mt 5,37), und so habe ich es immer gerne gehalten. Mit allzu frommen Grundsätzen tut man sich in der Politik allerdings häufig schwer. Das gilt auch für die Sprache. Denn Sprache ist Politik, und Politik ist Sprache.

Was im Matthäus-Evangelium gefordert wird, ist doch eigentlich: Klartext reden! Nicht verklausulieren. Ja ist Ja und Nein ist Nein. So wollte ich immer gerne reden und will es auch heute noch. Allerdings habe ich lernen müssen, dass man sich damit in der Politik oft selbst Steine in den Weg legt. Wenn es über jemanden heißt, er spreche „Klartext", hat das für viele – leider und völlig zu Unrecht – bereits den Beiklang des Populistischen, ja des Einfältigen. Jemand, der „Klartext spricht", taugt nur noch bedingt für das Feuilleton. Warum? Weil „Klartext sprechen" bedeutet: einfach reden. Direkt, ohne Hintertürchen. Mit einfachen Worten. In kurzen, geraden Sätzen. Auf das Wesentliche reduziert. Und dann wird unterstellt, der Redner denke auch so, wie er spreche. „Klartext" scheint also nur bedingt sinnvoll. Stattdessen bringt es die Sozialisation als Politiker – und heute sind viele meiner Kollegen ausschließlich als solche sozialisiert worden – mit sich, dass man schnell beigebracht bekommt, sich beim Sprechen und Formulieren stets noch ein Hintertürchen offen zu halten. Bloß nicht festlegen. Lieber ein „kann" als ein „muss", besser sogar noch ein „könnte" als ein „kann". Besser ein „mittel- bis langfristig" als ein „in sechs Monaten". Besser ein glattes Hochdeutsch als heimatlicher Dialekt. Könnte ja bäuerlich wirken oder provinziell. Könnte ja bei der Presse falsch ankommen. So rauben wir der Sprache die Seele.

(geb. 1944) seit 42 Jahren für die CSU in der Politik. 37 Jahre Bundestagsabgeordneter, davon zwölf als Vorsitzender der mächtigen CSU-Landesgruppe. 2005-2009 Bundesminister für Wirtschaft u. Technologie. 2013 soll Schluss sein: „Vielleicht schreibe ich meine Erinnerungen." Amüsanter Spötter.

Michael Glos

Wir beginnen, in Sätzen zu sprechen, die alle Möglichkeiten offen lassen. Damit nimmt das Unheil seinen Lauf. Denn Sprache ist nicht nur Mittel und Instrument der Politik, irgendwann ist sie selbst Politik. Spätestens, wenn eine bestimmte Formulierung Gesetzesrang bekommt, ist sie allgemein verbindlich. Sprache schafft dann Fakten, wirkt sich realiter aus. Nicht nur die Sprache wird also durch die rhetorischen Hintertürchen beliebig – nein, auch die Politik in ihren eigentlichen Inhalten ist davon betroffen. Nicht nur Sätze werden austauschbar, sondern Positionen. Nicht nur Worte werden identisch, sondern politisches Personal. Das habe ich immer abgelehnt; ich habe noch von und bei Franz Josef Strauß gelernt, der uns immer gesagt hat: „Man muss einfach reden, aber kompliziert denken – nicht umgekehrt." Wann immer es geht, habe ich versucht, mich daran zu halten. Denn meine Überzeugung ist: Wenn Politik für die Menschen attraktiv sein soll, muss sie Alternativen aufzeigen. Muss Verständnis wecken. Muss Inhalte erklären können. All das geht mit „Klartext" viel besser als mit absatzlangen Wortgirlanden. Oft habe ich an Wahlprogrammen oder Positionspapieren mitarbeiten dürfen. Selbstkritisch muss ich sagen: Was dort am Ende steht, kann oft alles und nichts bedeuten. Nächtelang feilen Mitarbeiter und Referenten an abstrusen Formulierungen, in denen sich am Ende jede noch so unbedeutende Parteigliederung wiederfinden muss. Und die dann kein Mensch mehr versteht. Mit der klaren Sprache geht dann die klare Position verloren. Und Wahlprogramme, deren Sätze über zehn Zeilen gehen, können auch nicht mehr den Anspruch haben, von der breiten Masse der Bevölkerung gelesen und verstanden zu werden. Die Menschen wenden sich ab von der Politik. Auch wegen der Sprache.

Aber kann man es anders machen? Wenn man beides, eine dicke Haut und einen klaren Standpunkt, hat: Ja! Jeder weiß, dass ich mit meiner klaren Sprache oft angeeckt bin. Beinahe schon legendär geworden (ich werde zumindest heute noch oft darauf angesprochen) ist meine Äußerung in der 141. Sitzung der 15. Wahlperiode des Deutschen Bundestages am 24. November 2004, als ich mitten in der sogenannten „Visa-Affäre" mit Blick auf die illegal eingeschleusten Prostituierten meinte: „Sie sind dafür der Zuhälter – wenn man so will –, Herr Bundesminister Fischer." Umgehend habe ich mich dafür entschuldigt. Auch, wenn ich mit der Äußerung Opfer meiner fränkischen Sprache geworden war. Denn der Einschub „wenn man so will" schwächt bei uns zuhause ganz erheblich ab. Etwa im Sinne von „... könnte man Sie als Zuhälter bezeichnen, wenn man wollte". Das ging nun im Eifer des Gefechts allerdings unter und ich hatte einmal mehr meine Mitgliedschaft im „Verein für deutliche Aussprache" bestätigt. Mit dem Kollegen Fischer verstehe ich mich übrigens heute persönlich gut und auch meiner „Karriere" hat es nicht geschadet.

Alles in allem: Ich habe mich nicht einschleifen lassen. Man hat es oft versucht. Kollegen, Fraktionsvorsitzende, Pressesprecher – alle haben sie mir dann und wann geraten, doch vorsichtiger mit meinen Formulierungen zu sein. Früher in Bonn und heute in Berlin. Aber kaum war ich wieder „draußen bei den Menschen" (zumal in Bayern), war es umgekehrt. Es gab so gut wie nur Zustimmung. Man würde verstehen, was ich meine, man hätte bei mir das Gefühl, ich wisse, wo der Gegner stehe, ich hätte das ausgedrückt, was sich der eine oder andere Zuhörer schon lange auch gedacht habe, ich hätte das gesagt, was der Zuhörer den anderen auch mal gerne ins Gesicht sagen würde und so weiter. Das war für mich immer der Beweis: Ich spreche die Sprache der Menschen in meiner Heimat. Und das sollten Politiker doch eigentlich tun.

Peter Struck

Man muss mal draufhauen, mal zuspitzen dürfen

Als Bundespräsident Joachim Gauck im Sommer bessere Erklärungen der Bundeskanzlerin über die Entscheidungen in Sachen Euro anmahnte, gab es über diese Forderung eine angeregte Debatte in den Medien. Was den Präsidenten überrascht haben mag, ein großer Teil der Medien sprang Angela Merkel bei. Sie erkläre genug, informiere über jedes Detail. Der Vorwurf sei nicht berechtigt.

Eine sehr erhellende Verteidigung für die oft formelhaften Erklärungsversuche der Kanzlerin. Denn Politik und Medien sitzen gerade bei der Komplexität dieses Themas in einem Boot. Sie tun sich beide schwer, einem breiten Publikum in den Untiefen der Euro-Strömungen Orientierung zu geben. Die Medien verschanzen sich genauso hinter Fachchinesisch und Expertensprech, mit dem die Menschen nichts mehr anzufangen wissen.

(geb. 1943) Vorstandsvorsitzender der SPD-nahen Friedrich-Ebert-Stiftung mit weltweit 620 Mitarbeitern, Jahresetat 148 Mio. Euro. Dr. jur., Rechtsanwalt. Für die SPD 29 Jahre im Bundestag (1980-2009), u.a. als Fraktionsvorsitzender. Verteidigungsminister (2002-05). Leidenschaftlicher Motorradfahrer.

Peter Struck

Mir ist immer, von den einen mit Verachtung, von den anderen mit Beifall, attestiert worden, ein Freund klarer Aussprache zu sein. Man muss mal draufhauen können (Mein Spruch über die CDU: „Die kann mich mal" hat mir bei SPD-Anhängern viele Freunde, bei anderen viele Gegner gebracht), man muss mal zuspitzen dürfen („Deutschlands Sicherheit wird auch am Hindukusch verteidigt"), aber der große Rest der Erklärungsversuche verläuft oft in einem verwaschenen Grau.

Wer die immer höher gewordene Schlagzahl der Entscheidungen betrachtet, der darf sich nicht wundern, wenn Abgeordnete am Wochenende aus Berlin in ihre Wahlkreise zurückkommen und selbst Angst davor haben, die Woche in Berlin in die Sprache ihrer Wähler zu übersetzen. Die meisten von ihnen sind im Parlament und in ihren Fraktionen hochkompetente Spezialisten. In ihren Wahlkreisen müssen sie Generalisten sein, die von der Situation in Afghanistan über Pflegereform und Fiskalpakt bis zu Autobahnmaut und Betreuungsgeld alles erklären müssen. Selbst wenn sie noch so fleißig sind, mag dem einen oder anderen diese Vielfalt bisweilen über den Kopf wachsen. So dass er die erklärenden Worte nicht findet und sich hinter Floskeln verschanzt.

Ich habe dennoch keine Lust, allein die Politik des Kauderwelsch zu bezichtigen. Sie spricht es nicht mehr, als andere Berufsgruppen es tun. Und aus dem gleichen Grund, aus dem es andere Berufsgruppen tun. Sprache

Vor allem jüngere Wähler zeigen sich frustriert vom „Polit-Sprech". Teilnehmer bei einer Demonstration der Initiative „Echte Demokratie Jetzt!" auf dem Geschwister Scholl Platz 2011 in München.

kann zum Schutzschild werden. Je unverständlicher sie ist, desto geringer die Gefahr von Nachfragen.

Es gibt im Übrigen eine immer größere Diskrepanz: Die Bevölkerung will mehr Erklärungen. Die Medien – vor allem die Nachrichtensendungen der elektronischen Medien – wollen Antworten im Sekundenbereich. Da muss die Sprache der Politik und der Medien im Unkenntlichen und Unverständlichen untergehen. Wer sich heute Nachrichtensendungen anhört oder anschaut, der ist ob der Informationen in stenografischer Kürze am Ende oft uninformierter, als er es vorher war. Da lassen sich Politiker mit Satzschnipseln im Nasenring durch die Manege der Missverständnisse führen.

Die immer knapperen Informationsschnipsel der Nachrichten werden dann später in endlosen Talkrunden breitgetreten. Politik wird da zur Selbstdarstellung, das Fernsehstudio zum Ersatzparlament, während der Originalschauplatz der Bundespolitik – das Plenum des Deutschen Bundestages – kaum noch wahrgenommen wird. Wenn das Parlament selbst diese Wahrnehmungslücke missbraucht, um – wie bei dem umstrittenen Melderegister offensichtlich – ein unsinniges Gesetz an der Öffentlichkeit vorbei durchzupauken, kommt das einer

Verweigerung der Kommunikation mit den Bürgern gleich.

Die Friedrich-Ebert-Stiftung hat im vergangenen Jahr eine Studie („Sprichst Du Politik?", Nina Arnold, Bettina Fackelmann, Michael Graffius, Frank Krüger, Stefanie Talaska, Tobias Weißenfels, Juni 2011, www.sprichst-du-politik.de) über die Wahrnehmung der Sprache von Politikern unter Jugendlichen erstellen lassen. Eine sehr interessante Studie, die vor allem auch von Politikern selbst sehr stark angefragt worden ist. Das zeigt, dass sie sich selbst der Defizite bewusst sind und nach Abhilfe suchen. Auffallend in der Studie, dass viele Jugendliche einerseits von Politik mehr Alltagssprache erwarten, andererseits aber auch bei den Medien Übersetzungshilfen vermissen. Gleichzeitig zeigte sich in den Befragungen eine große Sehnsucht, von der Sprache mitgenommen und nicht ausgeschlossen zu werden. Einige äußerten den Verdacht, Politiker redeten gar nicht fürs Volk, sondern eigentlich nur füreinander.

So weit würde ich nicht gehen. Tatsache aber ist, dass Politiker in Gremien, in Ausschüssen, im Parlament mehr miteinander als mit dem Volk reden, dass sie sich häufig nicht die Mühe

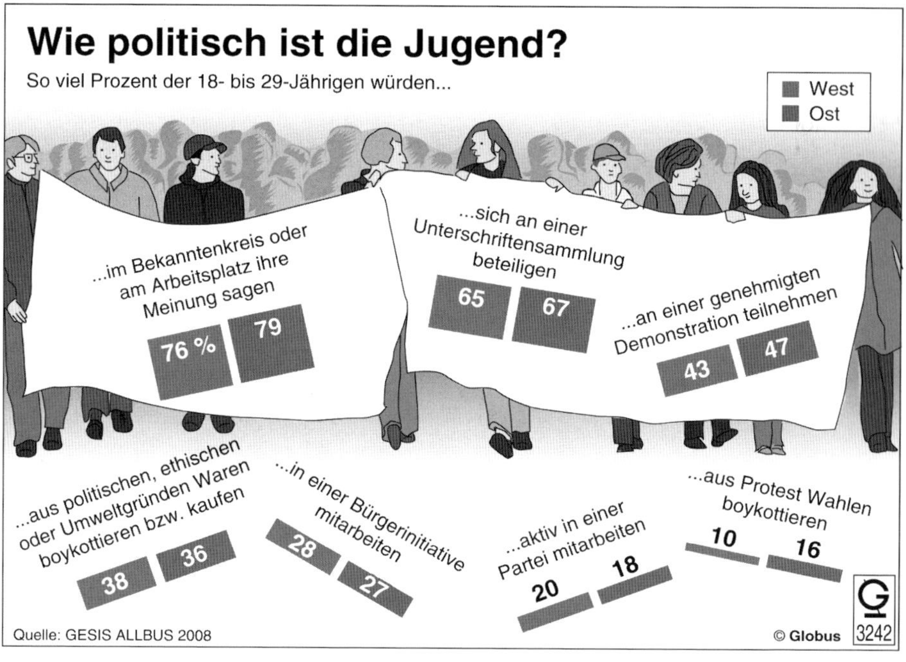

Um Einfluss auf die Politik zu nehmen, gibt es viele Möglichkeiten – auch für junge Leute. Die Spannweite, sich politisch zu engagieren und mitzuwirken, reicht von der Vertretung der eigenen Meinung im Bekanntenkreis oder am Arbeitsplatz bis hin zum Boykott von Wahlen aus Protest. 76 Prozent (West) bzw. 79 Prozent (Ost) der Jugendlichen zwischen 18 und 29 Jahren sagen, dass sie ihre eigene Meinung vertreten.

geben und nicht die Zeit haben, vom internen Sprachmodus auf einen erklärenden nach draußen umzuschalten. Den einzelnen Ratsherrn, Landtags- oder Bundestagsabgeordneten mag das überfordern, der ein oder andere mag seine Unsicherheit hinter Sprachungetümen verbergen, das wirklich Fatale liegt für mich in einer anderen Tatsache: Immer mehr Behörden, Ministerien, Ämter – vom Kanzleramt bis zu den Staatskanzleien – weiten ihre Kommunikationsabteilungen aus, aber ihre Sprache wird dadurch nicht verständlicher. Fast scheint es, als seien die vermeintlichen Kommunikationsexperten oft erst der Grund dafür, dass die Kommunikation unverstanden bleibt.

Allerdings, hinter dem auch in der FES-Studie geäußerten Wunsch nach mehr Alltagssprache in der Politik, nach einfacherer Sprache steckt auch ein Stück Verdrängung dafür, dass politische Entscheidungen komplizierter geworden sind. Wenn schon die Fakten schwer verständlich geworden sind, soll die Sprache einfach bleiben, soll so tun, als seien die hochkomplexen Fragen des europäischen Finanzmarkts so zu beantworten wie die täglichen Probleme des Alltags.

Eine immer wieder zu hörende Floskel unter Politikern lautet: „Man muss die Menschen abholen." Aber wo will man sie abholen, wenn sie sich abgewandt haben von den großen Problemen des Landes und Europas, wenn sie, weil sie nicht verstehen, auch nicht mehr verstehen wollen?

Sicher, es ist eine wohlfeile Forderung, wenn der Bundespräsident von der Kanzlerin mehr Erklärungsanstrengungen fordert. Aber jeder, der auf der politischen Bühne steht, ist da in der Pflicht. Die Verantwortung von einem zum anderen zu schieben, hilft der Sache der Politik und den Bürgern nicht weiter.

Jörg van Essen

Politikersprache – der Bundespräsident als positives Beispiel

Unsere Sprache ist eine der tragenden Säulen von Kommunikation, menschlicher Interaktion und gesellschaftlichem Miteinander. Kaum eine andere Berufsgruppe kommuniziert aus dem eigenen Selbstverständnis heraus so intensiv und vielschichtig wie wir Politiker. Wir werben um Zustimmung zur eigenen politischen Idee, suchen Überzeugungen und Ansichten bei konkreten Herausforderungen zu vermitteln und erklären getroffene Entscheidungen. Die Selbstdarstellung unserer Arbeit und Person oder aber der eigenen Partei prägt und bestimmt unser Sprachverhalten in besonderem Maße, meist sogar mehr als unsere regionale Herkunft oder der eigene berufliche Hintergrund. Mit näher rückenden Wahlterminen und dem dann beginnenden Wahlkampf verschiebt sich auch die Art und Weise, wie wir Politiker kommunizieren und vor allem sprechen. Denn Wahlen werden mit Köpfen, jedoch seit jeher vor allem mit Worten gewonnen. In Deutschland herrscht inzwischen fast ununterbrochen Wahlkampf, weswegen der dafür kennzeichnende Sprachstil, auch Wahlkampfrhetorik genannt, nur noch selten abrüstet.

(geb. 1947) seit 1994 Erster Parlamentarischer Geschäftsführer der FDP-Bundestagsfraktion. In dieser Position dienstältester aller Fraktionsgeschäftsführer quer durch die Parteien. Ehemaliger Oberstaatsanwalt und als Oberst d. Reserve zeitweilig Kommandeur der Panzergrenadier-Brigade 41 (Vorpommern).

Jörg van Essen

In einer Zeit, in der die Kommunikationsdichte und die Vielfalt der Medien stetig zunehmen und die Geschwindigkeit, mit der Informationen ausgetauscht und verbreitet werden, fortdauernd anwächst, gewinnt die Art und Weise, allerdings auch der Zeitpunkt, an dem Meinungen und Botschaften veröffentlicht werden, immer mehr an Bedeutung. Als Politiker, die wir darum ringen, eine größtmögliche Zustimmung zu unseren Ideen, Vorstellungen und Überzeugungen in der Öffentlichkeit und bei den Bürgern zu erzielen, sind wir mehr als die meisten anderen Berufs- und Gesellschaftsgruppen an einer optimierten und abgestimmten Kommunikations-, Ausdrucks- und Sprachform interessiert. Das Prinzip von Sender und Empfänger spielt für uns eine herausragende Rolle, denn es kommt stärker darauf an, wie etwas durch die Menschen aufgenommen, also empfangen und verstanden wird, als darauf, wie es gesagt wurde.

Die Konsequenz aus dieser Erkenntnis ist eine charakteristische Form der Kommunikation, der Sprache und der Rede. Schon früh, es war im antiken Griechenland zu Zeiten Platons, bildete sich die Rhetorik, als die Kunst des Redens, besonders der politischen Rede, heraus. Sophisten und Philosophen rangen um die Frage, ob es darum ginge, zu überreden oder zu überzeugen. Diese Frage haben wir fast zweieinhalb Jahrtausende später immer noch nicht eindeutig beantwortet, hingegen haben wir es nicht versäumt, fortlaufend an der Redeweise, unserem Sprachvermögen und der Ausdrucksvielfalt zu arbeiten und zu feilen. Das heutige Resultat und augenblickliches Endergebnis ist der Polit-Sprech. Auch dieser wird sich weiterentwickeln, sich neuen Gegebenheiten und Herausforderungen anpassen, wie es Sprache und Form der politischen Meinungsbildung schon immer getan haben. Allein in den letzten Jahren und Jahrzehnten hat sich die Kommunikation in der Politik grundlegend verändert. Ursprünglich auf der schriftlichen Ausdrucksform, etwa in Form der Zeitung, und der vorgetragenen Rede basierend, hat das Bild mit dem Fernsehen deutlich mehr Raum gegriffen und die Geschwindigkeit von Informationsverbreitung und Kommunikationsverhalten erhöht und in das Visuelle verlagert. Das Internet war die nächste Stufe, Blogs und Twitter folgen heute. Werden damit das Kauderwelsch, die Verklausulierungen und die Phrasendrescherei abnehmen? Diese Frage werden erst die nächsten Generationen beantworten. Die Geschwindigkeit erhöht sich, die Medien ändern sich, hingegen das Ziel bleibt gleich. Wir wollen überzeugen und Sachverhalte vermitteln. Und in einer Demokratie, wie der unseren, geht es in erster Linie natürlich darum, Zustimmung zu erhalten und Mehrheiten zu gewinnen.

Dazu hat sich eine besondere Sprache herausgebildet. Mit ihrem eigenen Vokabular und den ihr innewohnenden Phrasen kann man diese Ausdrucksform wohl als Fachsprache der Politik bezeichnen, demnach als Polit-Sprech. Auch andere Berufsgruppen bedienen sich einer eigenen Syntax, Juristen und Mediziner sind darunter wohl die bei Weitem bekanntesten Vertreter. Aus eigener Erfahrung kenne ich gleichwohl den entscheidenden und grundlegenden Unterschied: Als Staatsanwalt ging es darum, mit den Kollegen zu sprechen und mittels der besonderen Ausdrucksweise Eindeutigkeit zu schaffen und Missverständnisse zu vermeiden. Für Außenstehende wirkt jede Berufssprache wie Kauderwelsch, meinen Arzt verstehe ich auch nur selten, es hört sich für mich immer an, als sei ich schwerstkrank. Als Politiker indes richtet man seine Botschaften nicht ausschließlich an die Kollegen, sondern in erster Linie an die Bürger. Entsprechend differieren gleichwohl die Regeln für unsere Fachsprache, den Polit-Sprech.

„Friedenserzwingende Maßnahmen" oder „Informationsspanne" sind keine Begriffe des alltäglichen Sprachgebrauchs, sie sind tätigkeits- und umfeldspezifisch. Neben solchen individuellen Termini, die jede Fachsprache der unterschiedlichen Arbeitswelten prägen, zeichnet sich die Sprechweise von Politikern allzu oft durch die ihr innewohnenden Floskeln und Textbausteine aus. Diese Halbsätze, die oft ritualisiert, fast automatisiert benutzt und wiederholt werden, sind auffällige Stilelemente, die das Politikerdeutsch charakterisieren. „ Wir haben ein Vermittlungsproblem", ist wohl typisch, auch wenn sich darin eher die Enttäuschung zeigt, dass die eigene Politik nicht so positiv durch die Wähler aufgenommen wird wie im Vorfeld erwartet. In demselben Maß ist das verallgemeinernde „Wir" ein kennzeichnendes Element, das eigene Verantwortung schwächt und das Kollektiv, also die Gemeinschaft in Haftung nimmt. Ebenso wird das Stilmittel der Übertreibung häufig benutzt, exemplarisch sei hier das Wort „alternativlos" genannt. Was war oder ist nicht alles alternativlos oder wurde rhetorisch dazu: die Verstaatlichung der Hypo Real Estate, der Afghanistaneinsatz, der jeweilige Sparkurs sowieso, Flugverbote und die Anhebung des Renteneintrittsalters.

Zudem werden bestimmte Dinge und Sachverhalte oft und gerne stilisiert, sogar stigmatisiert, bzw. wird ihnen eine spezielle, meist einseitige Deutung mitgegeben oder angeheftet. Der politische Skandal oder die Politikeraffäre sind fast schon berüchtigte Beispiele. Medien oder politische Konkurrenten machen mittels der Sprache aus einem unbedeutenden Sachverhalt wie dem Abendessen zwischen alten Bekannten eine „Affäre", weil Regierungsmitglieder und Mitarbeiter von Unternehmen zusammen in einem Restaurant saßen. Gab es anschließend keine getrennte Rechnung für die Rotweinflasche, hat die Republik ihren nächsten „Skandal". Im Gegenzug werden viele Strukturanpassungen durch die Fachpolitiker öffentlichkeitswirksam zu grundlegenden „Reformen" erhoben, wie in den letzten Jahren besonders bei den Streitkräften zu beobachten. Jeder neue Minister der Verteidigung brachte gleichsam eine neue Bundeswehrreform auf den Weg.

„Überregulierung" und „Massenarbeitslosigkeit", „Aufbruch" und „Stillstand" drohen uns fast täglich, wenn man den Aussagen der Politiker und Journalisten Glauben schenken will. All dies sind sprachliche Nuancierungen, um aus banalen Feststellungen in einer multimedialen Gesellschaft Meldungen zu machen. Und schließlich gibt es noch die Kategorie der Wörter, die Wahrnehmungen direkt steuern können, die Druck ausüben und Widerspruch zwecklos erscheinen lassen, weil niemand gegen sie anzukommen scheint. Der beliebteste dieser Begriffe ist „Globalisierung", im Übrigen eines der wenigen Wörter, für die es keinen Plural gibt. Gegen diese Schlagworte ist selbst der machtvollste Politiker vermeintlich wehrlos und muss ihnen sein Handeln scheinbar unterordnen: Er hat keine Wahl, so zumindest suggeriert es die verwendete Rhetorik.

Erwähnt seien hierbei noch zwei weitere sehr beliebte und erfolgreiche Instrumente der politischen Sprache und Kommunikation, wobei selbige in Deutschland erst wieder langsam Raum greifen, dennoch ist ihre Rückkehr zu verzeichnen. In anderen Ländern, besonders in den mediendominierten Demokratien des angelsächsischen Raums sind diese täglich gegenwärtig. Gemeint sind das Ansprechen von Emotionen, den sogenannten Bauchgefühlen, den irrationalen Entscheidungsträgern, und das Beschwören von Pathos und Ehre. Ihnen und ihrer Benutzung wohnen seit jeher eine ungeheure Macht und Ausdrucksstärke inne, was wir in Deutschland mit der Propaganda während der nationalsozialistischen Willkürherrschaft bitter erfahren haben.

Mit all diesen und vielen anderen Techniken wird versucht, Negatives positiv auszudrücken, den Empfänger anzusprechen und in der Verkündigung der Botschaft mitzunehmen oder aber Alternativen zum eigenen Vorschlag auszublenden. Hier hat die Fachsprache der Politik, die in ihrem immanenten Wortschatz stark von juristischen Ausdrücken geprägt ist, Stilelemente aus Werbung und Marketing übernommen und nachgeahmt. Dies kann bei dem Anspruch an die Kommunikation von politisch Tätigen nicht verwundern. Die Begrifflichkeiten sind ohnehin rechtlich und juristisch geprägt und das Verkaufen der Aussagen, Meinungen und des eigenen Handelns ist eine besondere und sehr spezielle Form der Werbung, nämlich der für sich selbst und die eigene politische Überzeugung: Publicity in eigener Sache, womit das Setzen von Kernbotschaften und Slogans, wiedererkennbarer Claims und Motive dem Kreieren eines Signets dient.

Damit lassen sich zwei der aus meiner Sicht drei typischen Stilelemente des heutigen Polit-Sprechs erklären. Das dritte Element ist das am kritischsten zu betrachtende und bewertende, nämlich bestimmte Dinge in der Schwebe zu halten, sich nicht festlegen und keine endgültigen Aussagen treffen zu wollen. „Hier besteht Entscheidungsbedarf. Wir werden diese Frage ohne Hast diskutieren und einer sachgerechten Lösung zuführen." Dabei ist viel geredet worden, allerdings nichts gesagt. Mit diesem Vorurteil liegt der Zuhörer oft richtig, wenn er das Gehörte bisweilen als sinnentleertes Kauderwelsch bezeichnet. Politiker halten sich damit Rückzugsmöglichkeiten und Verhandlungsoptionen offen, denn nur so sind tatsächlich echte Kompromisse und Beratungsergebnisse bei Gesprächen mit dem politischen Mitbewerber möglich. Wenn zwei Verhandlungspartner, egal ob in der Politik, Wirtschaft oder im Privaten, sich vorher bereits verbindlich festlegen, dann kann nie ein wirkliches Ergebnis erreicht werden, oder zumindest einem Partner würde unterstellt werden, im Vorfeld gelogen, seine Position geräumt zu haben oder eingeknickt zu sein. Der Unterschied ist nur, dass man sich im geschäftlichen und privaten Umfeld selten im Vorhinein erklären muss, von uns Politikern hingegen wird dies fortwährend erwartet, sogar verlangt. Daher werden Aussagen in solchen Situationen sehr zurückhaltend und schwammig, was kein Zeichen dafür ist, dass der Politiker an sich keine Meinung hat, sondern lediglich dafür, dass der Sprechende so vernünftig und im Sinne der anstehenden Gespräche so vorausschauend agiert, den argumentativen Raum für sich und seinen Widerpart frei oder zumindest groß genug zu halten, um überhaupt verhandeln und Ergebnisse in Form von Kompromissen erzielen zu können. Anderenfalls könnte er von seiner zuvor formulierten und artikulierten Position nicht mehr abrücken. Infolgedessen gäbe es immer nur einen Gewinner und einen Verlierer, eine Seite würde siegen, die andere unterliegen. Diese Politik wäre kompromisslos, sie brächte uns, unsere Gesellschaft und unser Land nicht weiter. Das hat sie im Übrigen noch nie getan. Die Notwendigkeit und Einsicht, Kompromisse schließen zu müssen, bedingt zwangsläufig einen ausgesuchten Sprachstil, der es beiden Diskussionspartnern vor, während und nach den Gesprächen erlaubt, ihr Gesicht zu wahren und Teilerfolge für sich zu proklamieren.

Ebenso werden von uns Politikern oft Kommentare oder Antworten erwartet zu Dingen, zu denen es eigentlich gar nichts zu sagen gibt. Auch hier flüchtet man sich demzufolge notgedrungen und viel zu oft in verallgemeinernde und sinnleere Worthülsen.

Oft ist also die Sprache der Politiker begründet, weil sie durch Fachvokabular Eindeutigkeit schaffen, durch Ausdrucksformen und Stilmittel positiv werben und durch eine offene Diktion Verhandlungsspielräume erhalten will. Ab und an jedoch ist Polit-Sprech auch fehl am Platze, nämlich in dem Fall, wenn er als Fluchtburg für Unwissenheit, den mangelnden Mut, etwas Wahres, allerdings Unangenehmes auszusprechen, oder aus Angst vor dem Nichtssagen und Schweigen herangezogen wird. Dann leidet die Verständlichkeit: Der Empfänger versteht den Sender nicht mehr. Dies säht unnötigerweise Misstrauen und befördert unbeabsichtigt Politikverdrossenheit und die Abkehr von demokratischen Entscheidungsprozessen. Das sind die großen Gefahren des Polit-Sprechs. Diese müssen wir Politiker uns beständig bewusst machen, sonst wird aus der Fachsprache tatsächlich schnell ein unverständliches Kauderwelsch.

Ich selber versuche diesen inneren Konflikt – solange ich politisch aktiv bin – durch zwei einfache Techniken zu entschärfen. Zum einen rede ich immer frei, lese meine Reden nicht ab und formuliere mir allenfalls und extrem selten Stichwörter und Eckdaten vor. Dies bringt den merklichen Vorteil, dass ich so spreche und Sachverhalte erläutere, wie ich es im direkten Gespräch auch täte. Die Gefahr, sich an ausformulierten Textbausteinen festzuhalten, verringert sich dabei ungemein. Der zweite Punkt ist, sich das Gesagte, seine gesendete Botschaft, selber als Empfänger anzuhören und anzusehen. Gleich ob Rede oder Interview, ich wechsle im Anschluss immer den Betrachtungsstandpunkt und prüfe mich selbst mittels Aufzeichnungen, ob zum einen meine beabsichtigte Botschaft angekommen ist, und zum anderen, ob meine Aussagen auch verständlich und empfängerkongruent waren. Diese Selbstreflexion halte ich für äußerst wichtig!

Es ist ein zugegebenermaßen schmaler Grat, den wir Politiker beschreiten,

Jörg van Essen sieht in Bundespräsident Gauck ein positives Beispiel für Politikersprache.

wenn es um unsere Ausdrucksweise geht. Der Anspruch an die Botschaft ist komplex, die Erwartungen der Zuhörer zu Recht hoch und die Technik kompliziert. Den richtigen Mittelweg zu finden ist schwer, nur wenige Kollegen erlangen tatsächliche Perfektion, als positives Beispiel möchte ich hier nur einen nennen, unseren Bundespräsidenten Joachim Gauck.

Ich bin mir sehr wohl bewusst, dass es immer befremdende Auswüchse und verwunderliche Blüten der Politikersprache geben wird. Diese werden mitunter Anlass zu Satire und humoristischen Sticheleien sein, das gilt andererseits für die meisten übrigen Fachsprachen auch, nur das diese seltener dermaßen im Fokus der öffentlichen Wahrnehmung stehen wie der Polit-Sprech. Von daher ist es an Sender und Empfänger, die Kommunikation zu verbessern. Wir Politiker müssen selbstkritisch bleiben und unsere Redeweisen fortlaufend hinterfragen und korrigieren, denn wenn wir nicht mehr oder gar falsch verstanden werden, sind wir zu großen Teilen selbst schuld daran. Die Bürger und die Journalisten als Mittler müssen sich demgegenüber auch die Frage stellen, ob sie tatsächlich immer die ungeschminkte Wahrheit und den jeweils aktuellen Verhandlungsstand hören wollen und müssen. Ich persönlich würde dies als Bürger verneinen, denn wie bei meinem Arztbesuch interessiert mich die genaue fachliche Diagnose weniger als die gegebenenfalls notwendige Therapie und deren Folgen. Das Ergebnis, das am Ende einer Untersuchung steht, zählt und dazu ist Polit-Sprech das notwendige Handwerkszeug, mit dem einige Kollegen besser, andere weniger gut umgehen können.

Stefan Müller

Was wirklich hinter der Politikersprache steckt

Als ich vor einiger Zeit um einen Beitrag zu diesem Buch über das angebliche „Kauderwelsch" der Politiker gebeten wurde, hätte ich beinahe spontan, aber ablehnend geantwortet: „Gehen Sie davon aus, dass ich mich geehrt fühlte diese Herausforderung anzunehmen. Dass Sie gerade mich dafür ausgewählt haben, wäre mir Verpflichtung und Auftrag gleichermaßen. Und natürlich nähme ich die Aufgabe mit Demut an. Aber leider lassen mir meine vielfältigen Verpflichtungen keine Zeit, um mich an diesem, Ihrem vielversprechenden Projekt zu beteiligen."

Diesen Ausflug in die Ironie habe ich mir dann doch verkniffen – und tatsächlich zugesagt. Auch weil die Bitte – bei Licht besehen – eine echte Gelegenheit ist, einmal aufzuklären, was wirklich hinter unserem angeblichen „Polit-Sprech" steckt.

(geb.1975) gelernter Bankkaufmann. Politischer Aufsteiger. Bereits als Teenager in der Jungen Union. Heute deren bayerischer Landesvorsitzender. Ab 2002 Bundestag, inzwischen Parlamentarischer Geschäftsführer der CSU-Landesgruppe. In seinem fränkischen Wahlkreis Erlangen 2009 mehr Stimmen erhalten (45,1%) als seine Partei, die CSU (36,0 %).

Stefan Müller

Die Mutter aller Suchmaschinen verrät uns, dass das Wort „Kauderwelsch" schon seit dem 16. Jahrhundert gebräuchlich ist und den Umstand beschreibt, dass einer wirres Zeug daherredet. Also scheint es das Problem immerhin schon länger zu geben. Der Vorwurf sitzt trotzdem.

Herauszufinden, ob tatsächlich bevorzugt wir Politiker uns diesen Vorwurf gefallen lassen müssen, war dann nicht ganz so einfach. Mit einem kleinen Feldversuch beim Bäcker um die Ecke sollte man aber auch darauf Antworten finden. Was die Verkäuferin denn so davon halte, was wir Politiker den lieben langen Tag von uns geben, wollte ich also wissen.

„Na ja", druckste die etwas verlegen herum, „verstehen Sie mich nicht falsch, ich meine ja auch nicht Sie persönlich, aber das meiste, was Ihre Kollegen da erzählen, versteht doch kein Mensch." Das – ich gebe es unumwunden zu – sitzt noch tiefer.

Eine abschließende Bemerkung immerhin ließ mich den Laden dann doch noch etwas versöhnt verlassen: Nein, mit Politik kenne sie sich eigentlich nicht aus, und was die Zeitungen darüber schreiben, sei mindestens genauso unverständlich wie das, was man immer von den Politikern zu hören bekommt. „Ist doch alles eine Soße", meinte sie noch etwas resignierend. Und: „Nichts für ungut."

Wer wahlweise Zeuge einer dieser famosen Talkshows oder eines mit 90

Sekunden Dauer ungebührlich ausführlichen Interviews im Deutschen Fernsehen geworden ist, mag für dieses harte Urteil zwar durchaus Verständnis haben. Allzu sehr trösten sollte uns das allerdings nicht, denn es wäre schon deutlich von Vorteil, wenn die Bürgerinnen und Bürger nachvollziehen könnten, worüber wir gerade im Bundestag und anderswo debattieren.

Selbst wenn wir einmal davon absehen, dass es – nicht nur theoretisch – auch zu den Bürgerpflichten in einer Demokratie gehört, sich zumindest weitgehend genug zu informieren, um sich ein einigermaßen abgewogenes Urteil bilden zu können, bleibt es doch ein Problem, wenn der Empfänger den Sender der politischen Botschaft nicht mehr versteht.

Wo liegen aber die Ursachen?

Können wir, die wir uns tagtäglich im politischen Betrieb bewegen, uns tatsächlich nicht (mehr) verständlich machen? Eine sprachliche Déformation professionelle also? Oder könnte es auch darauf zurückzuführen sein, dass manches, worüber wir zu reden und zu entscheiden haben, außerordentlich kompliziert ist und jenseits der alltäglichen Probleme „normaler" Bürger liegt? Denn gelegentlich fällt es einem ja tatsächlich objektiv schwer, die Zusammenhänge auf die medial gebotene Kürze zu bringen, gleichzeitig nichts Falsches zu sagen und bei alledem auch noch verständlich zu bleiben.

Bei der Durchsicht meiner eigenen Reden, Interviews und Statements der letzten Zeit versuchte ich daher einmal, Politikersprache aus der Perspektive „meiner" politisch so desillusionierten Bäckereiverkäuferin wahrzunehmen.

Ein zugegebenermaßen stellenweise nicht ganz schmeichelhaftes Erlebnis!

So, werden Sie jetzt vielleicht denken, jetzt sieht er mal, wie das ist. Geschieht ihm recht, hoffentlich lernt er daraus. Das kann ich – leider – nicht versprechen, obwohl ich jetzt sehr viel besser nachvollziehen kann, wo das Problem eigentlich liegt.

Ein gutes (und zugleich denkbar schlechtes) Beispiel ist die Diskussion über die sogenannte Eurokrise: Jedes Wort, das ein verantwortlicher Politiker sagt, wird ihm vom politischen Gegner (dessen selbstverständliche Aufgabe das natürlich ist), aber auch von „den Märkten" postwendend auf die Goldwaage gelegt. Und zwar nicht im übertragenen Sinn, sondern, zumindest wenn es um „die Märkte" geht, beinahe wortwörtlich.

Dabei sind all die Rettungsschirme, Wachstumspakete, Pakte und Mechanismen, die sich die Experten in den Ministerien und bei der EU-Kommission ständig neu auszudenken scheinen, auch rein begrifflich schon sperrig genug. Dass nicht nur der staunende Beobachter sich gelegentlich schwertut, noch genau zu unterscheiden zwischen EFSF und ESM, also der „Europäischen Finanzstabilisierungsfazilität" und dem „Europäischen Stabilitätsmechanismus", kann ich nachvollziehen. Wenn wir ihm dann noch zumuten, das alles gedanklich mit dem „Fiskalpakt", der gerne auch mal „Fiskalvertrag" genannt wird, unter einen Hut zu bringen, nur um ihn dann gleich wieder mit dem Begriff unserer nationalen „Schuldenbremse" zu verwirren, und hinterher noch ein Argument zum „Six-Pack" in die Runde werfen, wird es gänzlich unüberschaubar.

Dass mancher Bürger da dann lieber zum altbekannten, flüssigen Six-Pack greift und die Macht des Fernbedienungsbesitzers ausübt, um sich leichtere Kost als die Nachrichten herbeizuzappen, sollte niemanden ernstlich wundern. Es ist aber ein Fingerzeig dafür, wo wir ansetzen könnten, um der politischen Sprachverwirrung etwas entgegenzusetzen.

Schlimm ist allerdings, dass das alles auch noch mühelos „getoppt" werden könnte. Denn je nach Belieben ließe sich jedes „Statement" auch noch mit den jeweiligen englischen Fachbegriffen würzen, was vor allem Finanzfachleute innerhalb und außerhalb der Bürokratie allzu gerne tun. Und auch die bestimmen die öffentliche Debatte nun einmal mit.

Ebenso wie die – nicht zu beneidenden – Journalisten, die einem ständigen Zwang zur sprachlichen Verkürzung unterliegen. Die müsste eigentlich inhaltlicher Präzisierung dienen, trägt aber allzu selten wirklich dazu bei, die Dinge tatsächlich auf den Punkt zu bringen.

Wer diesen unübersichtlichen Begriffswirrwarr als „Polit-Sprech" und „Kauderwelsch" empfindet, hat also nicht immer Unrecht. Wer ihn nur Politikern zuschreibt, liegt aber immer falsch. Andere können das mindestens genauso gut.

Ganz gewiss hat sich aber auch unser Kommunikationsverhalten in Zeiten von E-Mails, SMS, Facebook und Twitter gravierend verändert – und verändert sich weiter. Es ist schneller, um nicht zu sagen kurzatmiger, geworden. Die Inhaltshäppchen, die wir den Empfängern unserer Botschaften vorsetzen, werden immer kleiner. Ob unsere Aussagen damit präziser und klarer werden, damit also auch weniger anfällig für das, was Bürger offenbar als Kauderwelsch empfinden? – Ich wage es zu bezweifeln.

Wir können uns nur immer aufs Neue bemühen, eben nicht in „Kauderwelsch" zu verfallen. Wir müssen es sogar.

Allerdings gibt es da für Politiker ein kleines, aber entscheidendes Problem: Als Politiker haben Sie selten die Chance, eine solche babylonische Sprachverwirrung auch wirklich aufzulösen. Entweder ist die (Rede- bzw. Sende-)Zeit oder der zur Verfügung stehende Platz im Blatt nicht ausreichend, egal wie sehr Sie versuchen, präzise zu formulieren. Oder – und das macht die Sache dann wirklich kompliziert: Sie sind aus inhaltlichen Gründen gezwungen, bestimmte Begriffe absolut exakt zu verwenden, weil Sie andernfalls bereits gefundene politische Kompromisse in Frage stellen, delikate laufende Verhandlungen stören oder Gefahr laufen, die Fachöffentlichkeit in heillose Verwirrung zu stürzen. Und Experten können in solchen Situationen echt unangenehm werden …

Sie können zwar – beispielsweise – abstrakt und zusammenfassend über die Notwendigkeit des „Europäischen Rettungsschirms" sprechen. Nur versteht Sie das Publikum dann immer noch nicht wirklich besser, aber für die politische Debatte im Parlament und die Fachöffentlichkeit müssen Sie hinterher aufwendig die Scherben zusammenkehren und präzise sagen, welchen Aspekt sie denn nun genau gemeint haben.

Also keine Alternative zum vermeintlichen Kauderwelsch? Doch. Ganz entschieden: doch!

Niemand, auch kein Politiker, ist gezwungen, Phrasen zu dreschen und staatstragende Floskeln zu verwenden. Jeder – und wir Politiker gerade – müssen für Gelegenheiten sorgen, bei denen ohne Limit Klartext gesprochen werden kann, sonst versündigen wir uns auf Dauer am Kern unserer Demokratie. Allzu schnell wird dann aus dem Parlament wieder die „Quasselbude".

Allerdings: Der Übergang von der bewusst rhetorisch ausgefeilten Formulierung zur Floskel, Phrase oder zum Kauderwelsch scheint nicht selten im Ohr des Zuhörers zu liegen. Und manchmal mag es vielleicht sogar einfacher sein, einen komplizierten – mithin auch entsprechend formulierten – Gedankengang in die Schublade des Kauderwelschs zu schieben, wenn man sich nicht eingehender mit der Position des Gegenübers auseinandersetzen möchte.

Der Verdacht bleibt, dass – früher, heute und auch in Zukunft – manch einer versucht, es sich in diesem Sinn (zu) leicht zu machen.

Sicher ist es in einer Welt, die wir alle als immer komplexer wahrnehmen, notwendig, dass wir Politiker versuchen, besser zu erklären, was wir warum wie entscheiden. In der Demokratie darf Politik aber auch keine seichte Infotainment-Show werden, die man einfach mal so nebenbei konsumieren kann.

Demokratie braucht heute mehr denn je aktive, informierte Demokraten, die wissen, wann „Kauderwelsch" wirklich Kauderwelsch ist.

Und ganz ehrlich: Eigentlich war die Chance für interessierte Bürger, sich über Politik wirklich eingehend und fundiert zu informieren, noch nie so gut wie heute.

Klaus Bölling

Ins Fegefeuer mit den Sprachverhunzern!

Seit mehr als fünfzig Jahren habe ich ein Buch aufbewahrt, das nur dem Äußeren nach ein Büchlein ist. Erst 1957 ist es im Hamburger Claassen Verlag erschienen. Wer damals, kurz nach dem Krieg, ungleich mehr gelesen hat als später, weil ihm heute der atemlose Tagesjournalismus kaum Zeit dafür lässt, hat jedenfalls immer wieder einmal nach dem „Wörterbuch des Unmenschen“ gegriffen. Drei sehr respektable Autoren waren es, die zwischen 1945 und 1948 in der Zeitschrift „Die Wandlung“ für die Reinigung unserer schönen Sprache gefochten haben: Dolf Sterberger, erst Redakteur, dann Mitherausgeber der „Frankfurter Allgemeinen Zeitung“; Gerhard Storz, Literaturhistoriker, einige Jahre angesehener Kultusminister des Landes Baden-Württemberg und schließlich Wilhelm Emanuel Süskind („W.E.S.“), einst der grandiose politische Redakteur der „Süddeutschen Zeitung“.

(geb.1928) Staatssekretär a.D. und Vollblutjournalist mit außergewöhnlicher Karriere: Redakteur Tagesspiegel, RIAS, SFB. ARD-Korrespondent Belgrad, Washington. NDR-Chefredakteur Fernsehen, Intendant Radio Bremen. 1974-80 u.1982 Regierungssprecher für Helmut Schmidt. 1981-82 Leiter der Bonner Vertretung bei der DDR-Regierung. Heute Kolumnist für mehrere Zeitungen.

Klaus Bölling

In einer Vorbemerkung zu der Aufsatzsammlung notierte Dolf Sternberger – das war wie ein Donnerkeil – die Sätze: „Der Verderb der Sprache ist der Verderb des Menschen. Seien wir auf der Hut! Worte und Sätze können ebenso wohl Gärten wie Kerker sein, in die wir, redend, uns selber einsperren, und die Bestimmung, Sprache sei allein die Gabe des Menschen oder eine menschliche Gabe, bietet keine Sicherheit“. Quod erat demonstrandum – was zu beweisen war –, darf da mit dem Blick auf die aktuellen Sprachgewohnheiten vieler Politiker hinzugefügt werden. Müssten sich die Autoren die Sprache der sogenannten politischen Klasse unserer Gegenwart anhören – es gibt gottlob Ausnahmen –, würden sie sich sogleich die Ohren verstopfen.

Ein den Politikern (übrigens jedweder Couleur) augenscheinlich nicht mehr abzugewöhnender, schauderhafter Ausdruck, den sich die Duden-Redaktion bis heute jedenfalls aufzunehmen geweigert hat, lautet: „Alleinstellungsmerkmal“. Eher ist es ein sprachliches Kainsmal auf der Stirn derer, die es fortwährend im Munde führen. Warum ein solches Hörern und Lesern Angst machendes Wortungetüm? Jede Partei, die sich, gut zu verstehen, von einer anderen signifikant zu unterscheiden wünscht, könnte in klarem Deutsch sagen: In dieser oder jener Position sind wir unverwechselbar. Und, um die angeblich einzigartige Programmatik dem Wählervolk zu veranschaulichen: Für dies oder jenes haben wir das Urheberrecht.

Ein Blick in das eingangs erwähnte „Wörterbuch des Unmenschen" zeigt die immer aufs Neue erschreckende Gefühllosigkeit, nicht nur so mancher Politiker und Journalisten gegenüber den in der NS-Zeit geprägten Wörtern. Ohne das Verbum „verkraften" glaubt heute niemand mehr auszukommen. Es war an der Rampe von Auschwitz-Birkenau fast stündlicher Gebrauch. Vorübergehend konnten die Gasöfen die Zahl der Opfer nicht mehr „verkraften". Wer denkt schon noch daran?

Dolf Sternberger wünschte sich, das zusammengesetzte Zeitwort „durchführen" aus unserem Vokabular zu streichen. Da hat er verloren. Er deutet das in der Hitler-Zeit tagaus, tagein benützte Verbum durchaus realistisch und philologisch schlüssig: „Verglichen mit den anderen Kompositformen ist dieses (durchführen, d. A.) am wenigsten wertneutral. Gar leicht kann es den Geschmack des Imperatorischen erlangen." Weniger abstrakt argumentierte Sternberger: „Befehle werden ausgeführt. Hat man nicht nur die Vollzugsmeldung im Sinne, sondern auch die mancherlei Hindernisse, die zu überwinden waren, dann wird rechtens ‚durchgeführt' gesagt."

Sternberger wollte da „durchführen", das er kausal mit dem Führerprinzip verknüpft sah, nicht gänzlich verbannen. Er war ja Realist und fand es in Ordnung, dass die Tiefbauämter, nach Genehmigung eines Haushaltsplans, den „angefangenen Tunnelbau vollends durchführen". Es hat alles nicht genutzt. Ohne das klirrende „durchführen" wäre unsere Gesellschaft beinahe sprachlos. Keine Übertreibung.

Von Konrad Adenauer ist – im rheinischen Dialekt, auf Tonband erhalten – der einzigartige Satz überliefert: „Einfacher sprechen ist eine Gabe Gottes." An dem Deutsch, in dem er seine Memoiren verfasste, ist wenig zu beanstanden. Dass der erste Kanzler auch nicht annähernd die Sprachkraft eines Winston Churchill im Englischen und die eines Charles de Gaulle im Französischen erreicht hat, darf man, seiner großen staatsmännischen Leistung wegen, vernachlässigen. Da wir bei den Kanzlern sind. Es ist für unsere Gesellschaft eine eher trübe und zugleich betrübliche Selbstauskunft, dass sie einen anderen Kanzler, einen Mann von großer Bildung und Sprachkultur als „König Silberzunge" belächelt hat: Kurt Georg Kiesinger sprach gutes Deutsch und ohne Manierismen.

Willy Brandt hatte im späteren Lebensalter gelegentlich die Gewohnheit, von sich in der dritten Person zu sprechen. Ansonsten war seine Sprache norddeutsch durchsichtig. Bisweilen etwa feierlich, doch in knapper Dosierung. Ausrutscher waren selten. Einen lustigen gab es mal. Brandt verwendete in einer Rede ein englisches Wort für Mitgefühl oder Barmherzigkeit. Ausdrücken wollte der Kanzler seine Solidarität mit den sozial Schwachen und sprach von „Compassion". Das eigentlich schöne Wort hatten sich seine Redenschreiber ausgedacht. Nur, die Genossen, nicht nur die im Ruhrpott, müssten im Wörterbuch blättern, was sie wohl nicht taten. Sie wunderten sich nur.

An der Verhunzung unserer Sprache war Helmut Kohl aktiv beteiligt. Wobei gar nicht an die eher unappetitliche Wendung gedacht werden muss: „Entscheidend ist, was hinten rauskommt." Schlimmer, der Pfälzer hat alle Landsleute gleichsam „legitimiert", die das Wort Arbeit oder Leistung zugunsten des bei genauem Hinsehen geringschätzig gefärbten englischen Wortes „job" aufgegeben haben. Klar, wenn ein Kanzler so redet, wird es von vielen Bürgern aufgenommen. Über seinen langjährigen Arbeitsminister Norbert Blüm, einen der Treuesten (bis er Kohls Selbstgefälligkeit nicht mehr ertragen konnte), sagte der Kanzler zum Abschied: „Der Nobbi hat einen guten Job gemacht." Als ob die Leistung eines Mannes, der ein hart arbeitender Sozialpolitiker gewesen ist, mit der eines Gelegenheitsarbeiters zu vergleichen ist. Das ist eine ganz schlechte Gewohnheit. Man spürt eine gewisse Menschenverachtung. Das hat sich ausgebreitet. Ein Arbeitsplatz, an dem es auf Fleiß und Verantwortung ankommt, nicht nur der eines Ministers, ist eben weit mehr als ein Job.

Auch das Amt eines Bundespräsidenten wird niemand mit Sprachgefühl einen „Job" nennen wollen. Oder gar das des Papstes. Es reden, dessen ungeachtet, manche jungen Katholiken davon, Benedikt XVI. habe als Reformator der Weltkirche seinen „Job" verfehlt.

An der Sprache des Hamburger Kanzlers haben nur wenige etwas zu tadeln gefunden. Die wenigen, die das tun, beanstanden, dass Helmut Schmidt mit dem Wort „Scheiße" etwas inflationistisch umgeht. Dabei hat Schmidt, anders als einst Herbert Wehner, ansonsten ein Meister unserer Sprache, eine Abneigung gegen die Fäkalsprache. Auch irritiert es manche von uns, dass der „Kanzler außer Diensten" von Hitler konsequent als „Adolf Nazi" spricht. Dabei meint er das nicht als Verharmlosung. Es klingt aber so.

Gerhard Schröder, am Anfang seiner Kanzlerzeit in der lingua franca noch nicht so bewandert, hat im Englischen schnell Sicherheit erworben. Schneller, heißt es, als Guido Westerwelle. Das hat ihn dazu verleitet, manche Anglizismen und englischen Redensarten nachzuahmen. Beispiel: „Das macht doch keinen Sinn." Eine typisch englische Wendung: „It makes no sense." Nach einem Hauptsatz folgt bei Schröder unvermeidlich: „... keine Frage". Gänzlich überflüssig und wiederum eine Entlehnung des im Englischen Gebräuchlichen „No Question". Andere machten es ihm nach.

Spricht die Bundeskanzlerin gutes Deutsch? Sie ist Physikerin. Schmückende Beiworte vernimmt man von ihr selten. Sie wird wissen, dass nach dem Ende der Kanzlerschaft eine Bewerbung für einen Lehrstuhl im Fach Rhetorik geringe Chancen hätte. Also bleibt sie besser Kanzlerin. Wenn es um heikle Themen geht, über die sie noch keine Meinung hat, kann freilich auch Merkel Politiker-Phrasen nicht entbehren. Eine Neigung zu sprachlichem Kitsch hat ihr allerdings noch niemand vorgeworfen.

Was war die Idee meines alten Freundes Mainhardt Graf von Nayhauß bei diesem von ihm komponierten Buch, das sich „Kauderwelsch" betitelt? Der Herausgeber will mit den Aufsätzen zum Thema „Die Sprache der Politiker" nicht auf Windmühlenflügel losstürmen. Sein „Anliegen" ist eine Kritik, die helfen soll. Die Politiker würden lieber sagen, die „konstruktiv" ist.

Apropos Anliegen. Dolf Sternberger hat uns im „Wörterbuch des Unmenschen" daran erinnert (wenn wir es denn nicht schon wussten), dass dieses Wort zu Martin Luther gehört. Nach des Reformators Übersetzung heißt es im 55. Psalm: „Wirf dein Anliegen auf den Herrn, der wird dich versorgen." Sternberger hat Luther richtig gedeutet: „Anliegen heißt nämlich eine drückende Last, einen innigen Wunsch, eine im Herzen behütete, persönlich hochwichtige Bitte." Heute haben Hinz und Kunz ein „Anliegen". Jeder Lobbyist nennt einen rein an den Interessen seines Verbandes orientierten, in seinem Unternehmen entworfenen Gesetzentwurf ein „Anliegen". Fast jeder Wahlkämpfer versichert den Wählern, deren Wunsch nach einer Umgehungsstraße sei für ihn ein „Anliegen", besser noch, ein „Herzensanliegen". Reiner Schmock. Das Anliegen ist zur billigen verbalen Handelsware degradiert worden.

Es wird von den Politikern unserer Gegenwart kaum noch etwas erklärt. Es wird immer nur „deutlich gemacht", wobei die gedankliche Klarheit oft genug auf der Strecke bleibt. Auch ist es fast unmöglich, etwas zu verwirklichen. Es muss „umgesetzt" werden. Anders geht es nicht mehr. Mein Deutschlehrer an einem Berliner Gymnasium pflegte zappelige Schüler von einer Bank auf eine andere „umzusetzen". Umgesetzt wurden auch Pennäler, die ihrem begabten Nebenmann über die Schulter ins Heft luchsten.

Was an dieser Stelle „deutlich gemacht" werden sollte? Dass die Sprache vieler unserer Politiker, ebenso der riesigen Schar der Verbandssprecher, ein Purgatorium nötig haben. Das ist, wie man wissen sollte, ein Fegefeuer. Vielleicht kommen die Herrschaften da – eine Hoffnung nur – geläutert und mit einem besseren Deutsch wieder heraus.

Manfred Freiherr von Richthofen

Zu politischer Glaubwürdigkeit gehört klare Sprache!

Wer Politiker wie Franz Josef Strauß oder Herbert Wehner in ihren besten Zeiten erlebt hat, muss es als Niedergang empfinden: Der Ton der Politik in Deutschland wird kaum noch verstanden. Nicht nur bei den Jüngeren. Das haben sich die Vertreter des Volkes selbst zuzuschreiben. Auch die daraus resultierende Politikverdrossenheit.

„Einfach reden, aber kompliziert denken – nicht umgekehrt", war die Devise von Strauß. Das kam an.

Die Politiker der 50er-, 60er- und 70er-Jahre wurden überwiegend noch verstanden. Klare Worte für klare Sachverhalte. Sogar, wenn einer wie Wehner besonders den Schachtelsatz liebte. Wer heute Aufzeichnungen älterer Bundestagsdebatten verfolgt, wird das politische Zunftgerede, die überbordende Verwaltungssprache, die austauschbaren Wortschnipsel und Floskeln vergebens suchen. Sie sind eine Erfindung der jüngeren Zeit.

(geb. 1934) Neffe des gleichnamigen, legendären Jagdfliegers, des „Roten Barons". Unternehmer, Vizepräsident des Landessportbund Berlin, Ehrenpräsident des Deutschen Olympischen Sportbundes. Ehemals Mitglied in zahlreichen Hörfunk- und Fernsehräten, u.a. beim ZDF.

M. F. v. Richthofen

In dem Maße, in dem Parteiprogramme einander immer ähnlicher werden, schwinden die Konturen der Politik, auch die sprachlichen. Wo Fachgremien unterschiedliche Strömungen einer Partei repräsentieren müssen, entsteht der Druck, gegensätzliche Lösungsvarianten eines gesellschaftlichen Problems irgendwie noch verbal unter einen Hut zu bringen. Die Formulierungen geraten entsprechend vage, mit dem durchaus erwünschten Effekt, dass jede Richtung sich ein klein wenig wiederfindet. Je weniger verbindlich das politische Ziel beschrieben ist, desto unwahrscheinlicher wird die später unangenehme Konfrontation des Politikers mit der vormaligen Position in Medien oder Öffentlichkeit.

Auch mit Leerstellen lassen sich Zeilen und Sendeminuten füllen. Dass sämtliche Gesichtspunkte bereits erwähnt waren, hinderte Javier Solana nicht, zu Abschluss einer Konferenz im Jahr 2007 erneut das Wort zu ergreifen: „Alles, was wichtig war, ist schon gesagt worden, aber ich möchte noch ein paar Dinge sagen." Warum hat der EU-Kommissar da nicht einfach geschwiegen? Wie inhaltsleer müssen Ausführungen sein, wenn man sie pausenlos wiederholen muss?

Überhaupt verdanken wir der Europäischen Union das Entstehen einer besonderen Spielart unserer Sprache.

„Einfach reden, aber kompliziert denken – nicht umgekehrt" – Franz Josef Strauß bei einer Bundestagsdebatte 1958.

Auf mehr als 100.000 Seiten in deutscher Fassung wird alles geregelt, was das Leben so gibt. Bis zum Ende des Jahres 2008 auch der Krümmungsgrad der Salatgurke. Wer über so etwas im Parlament zu befinden hat, kommt unbeschädigt nicht davon. So hat die Diktion der Bürokratie auf mannigfaltige Weise Eingang gefunden in die Sprache der Politik. Entsprechend erscheinen Verlautbarungen aus Brüssel dem unbefangenen Beobachter oft seltsam inhaltsleer. Dass sich hinter einem „konisch geformten Schüttgutbehälter mit Zentralauslauf" der gute alte Trichter verbirgt – darauf muss man erst einmal kommen!

Im Rahmen einer Studie wurden in Berlin im Jahr 2011 Jungwähler zur Sprache der Politik befragt. Die Mehrzahl der jungen Leute gab an, die Politiker nicht zu verstehen, und sie vermuteten deren Absicht dahinter. Mit erstaunlicher Treffsicherheit wurden Floskeln und beschönigende Kunstwörter durchschaut, zu besonderer Vertrauensbildung zwischen Führern und Geführten tragen sie demnach nicht bei. Das Gerede von „integralen Konzepten" oder „struktureller Ökologisierung" könnten sich Politiker und Parteien zugunsten konkreter Beschreibungen und Vorschläge gerne sparen. Was heißt schon das Land „auf klaren Zukunftskurs bringen"?

Gerade die wolkige Umschreibung von Tatsachen lässt die Menschen Verdacht schöpfen. Aber solche Formulierungen verbreiten sich in der Politik schnell, die Urheberschaft ist nach kürzester Zeit kaum mehr festzustellen. Einer Zusammenschau besonders misslungener Politik-Verneblungen dieser Art für die Hörer des deutschen Auslandsrundfunks verdanken wir das Zitat „Zurückdrängung des zu hypertroph gewordenen Anteils kollektiver Systeme". Es ist unwahrscheinlich, dass Deutsch-Studenten im Ausland auf Anhieb verstanden haben, dass der Politiker hier offenbar schlicht mehr Eigenverantwortung gemeint hat. Fremdwörter und Fachbegriffe machen Sinn in Expertenrunden, nicht in Wahlkampf-Veranstaltungen. Zum Gedankenaustausch mit den Bürgern sollte sich ein Politiker allgemeinverständlicher Sprache bedienen. Politik muss sich mitten im Leben verorten. Das gilt auch für ihre Wortwahl. Ein Satz wie „Ziel der öffentlichen Beschaffung soll es sein, Benchmarks zu setzen, an denen sich Unternehmen und Haushalte orientieren können", soll offensichtlich Wirtschaftskompetenz vortäuschen, wo es bereits an Grundkenntnissen politischer Kommunikation fehlt.

Vor allem der Universität Stuttgart-Hohenheim ist es zu danken, dass die Sprache der Politik der aufmerksamen Betrachtung nicht mehr entgeht. Eine Analyse der Parteiprogramme zur Landtagswahl 2010 in Nordrhein-Westfalen förderte Satzlängen von

Fraglich, ob ein Wahl-O-Mat mehr Klarheit schafft. Die Vertreter der politischen Parteien in Baden-Württemberg 2011 im Landtag bei der Präsentation der Internetplattform „Wahl-O-Mat". Politisch interessierte Bürger konnten via Internet mittels eines Fragebogens mit verschiedenen Themenbereichen herausfinden, welche Partei am besten ihre Meinung und Interessen widerspiegelt.

bis zu 69 Wörtern zutage. Was einem Redner im Eifer des Gefechts einmal durchrutschen mag, ist für ein gedrucktes Programm indiskutabel. Wer Wortschwall mit Kompetenz verwechselt, hat die Demokratie nicht verstanden.

Steter Tropfen höhlt den Stein: Erstaunlicherweise haben die Wähler bestimmte Begrifflichkeiten sogar übernommen. „Nullwachstum" etwa verstößt gegen jede Logik, ist aber zum Allgemeingut geworden. Auch die unbestimmte Angabe „auf den Weg gebracht" ist überall zu hören. Politiker haben sie erfunden, um von einer Initiative noch jahrelang zehren zu können, selbst wenn diese im Mahlwerk des Alltagsgeschäfts lange steckengeblieben ist. Der genaue Sachstand wird den Wählern nicht offenbar. Auch überflüssige Intensivierungen gehören zum Standardrepertoire der Volksvertreter. Ob „wirklich" erfreulich oder „absolut" kein Verständnis – in der Politik sind die Adverbien verzichtbar. Zum Verständnis tragen sie nicht bei. Pathos am falschen Platz macht eher verdächtig. Gleiches gilt für die Betroffenheitsrhetorik, die mit der grünen Partei Einzug in die politische Debatte gehalten hat. Ein Mehr an Glaubwürdigkeit ist dadurch nicht entstanden.

Im Jahr 2009 wurde der Bezirksbürgermeister Heinz Buschkowsky aus Berlin-Neukölln zum besten politischen Redner in Deutschland gekürt. Das Medienlob war groß, handelt es sich doch bei Buschkowsky um einen recht ungewöhnlichen Politiker. Seine Sprache ist ursprünglich, aber nicht anbiedernd, nicht kalkuliert, nicht vieldeutig. Er sagt das, was er meint, und er wird verstanden. Seine Wortwahl ist volkstümlich, der Satzbau einfach und klar. Von den Kollegen im Rat der Bürgermeister wird er ebenso respektiert wie von den Vertretern der Berliner Presse. Buschkowsky ist durch eine harte Schule gegangen. Sein Bezirk gilt als sozialer Brennpunkt. Vorfälle an der Neuköllner Rütli-Schule fanden ein zweifelhaftes internationales Medienecho. In einer solchen politischen Gemengelage kommt man mit Schönrednerei und dem Ausweichen ins Ungefähre nicht weiter.

Ein schwieriges politisches Terrain zwingt zu klaren Worten. Es wird das Ergebnis der wirtschaftlichen Krise in Deutschland sein, dass auch an anderer Stelle wieder mehr Klartext geredet wird. Der politischen Kultur in Deutschland täte das sogar gut.

Josef Joffe

„Neusprech" und „Gutdenk" – ganz ohne Widerspruch

Warum reden Politiker so verschwiemelt? Sie wollen niemandem wehtun – am wenigsten sich selbst. Und wir erlauben es ihnen.

Wenn Kanzlerin Angela Merkel philosophisch wird, spricht sie so: „Alles, was noch nicht gewesen ist, ist Zukunft, wenn es nicht gerade jetzt ist." Dieser Satz gibt eine ideale Anweisung für Politikerdeutsch her: Niemand kann widersprechen, und alle nicken zustimmend, weil es sehr weise klingt und zugleich eine nichtssagende Tautologie ist. So wie „Zweimal zwei ist gleich vier" oder „Der Ball ist rund" – Sätze, die keine Information oder Idee enthalten.

Warum das Gehaltlose? Politiker müssen andauernd reden und dabei höllisch aufpassen, dass sie nichts sagen, was abstößt oder provoziert. Es muss wolkig und unbestimmt bleiben, um den Rückzug offen zu halten: „Da bin ich missverstanden worden ..." Denn das eiserne Gesetz moderner Politik besagt: Wichtiger, als Stimmengewinne zu maximieren, ist es, Stimmenverluste zu minimieren. Auf Deutsch: Bring die Leute nicht gegen dich auf; vermeide Klartext und Kanten, die irgendeinen verärgern könnten. „Wahlkämpfe", konstatiert Altbundeskanzler Helmut Schmidt, „sind keine Festivals der Ehrlichkeit."

Josef Joffe

(geb.1944) zusammen mit Helmut Schmidt Herausgeber der Wochenzeitung DIE ZEIT, deren Chefredakteur er von 2001-04 war. Zuvor Ressortleiter Außenpolitik der Süddeutschen Zeitung. Ist Dozent für Internationale Politik an in- und ausländischen Universitäten. Schrieb 7 Bücher, erhielt zahlreiche Auszeichnungen.

Vermeide auch Neues, denn das Ungewohnte verunsichert. Weshalb Ole von Beust aber nach seiner aktiven Zeit als Erster Bürgermeister von Hamburg notiert: „Mit tausendmal gebrauchten Formeln geht man kein Risiko ein." Vor allem wolkig müssen die Formeln sein, damit die Präzision nicht verprellt. Bei Kurt Beck, dem vormaligen SPD-Chef, klang das auf einem Parteitag so: Man müsse „darüber reden, wie die soziale Dimension des Lebens realistisch und nicht nur illusionistisch in die Zukunft getragen werden könne". Das ist ein Meisterstück des Ungewissen. „Sozial" ist schon mal gut; „realistisch" ist es auch. „Dimension" klingt gelehrt, und „Zukunft" ist immer gut – oder auf Soziologendeutsch: „positiv besetzt".

Stellen wir uns vor, Beck hätte in den Saal geschmettert: „Genossen, lasst die Sozialromantik zu Hause. Die Kassen sind knapp und die Bedürfnisse unendlich. Wir dürfen nicht mehr versprechen, als wir bezahlen können. Jetzt sage ich euch, wo es langgehen muss ..." Der Applaus wäre verhalten gewesen, das Pfeifen grell. Wunderbar ist immer: „Darüber müssen wir reden.“ Vor allem muss ich dann nichts sagen. Leitartikler, die nicht genau sagen wollen oder können, wo es langgeht, machen es genauso. Ihre Lieblingswörter sind „eher“ und „wohl“ – keine Festlegung. „Ich gehe davon aus, dass ...“ ist besser als „So ist es“. Und der unschlagbare Ausstieg ist: „Die Debatte muss jetzt beginnen.“ Nun redet ihr mal schön; ich sage jetzt gar nichts.

„Sätzedrechseln“ und „Salbadern“*, schreibt Alexander Kissler im Focus, „machen fast 100 Prozent des heutigen Politikerdeutsch aus. Es ist zu einer eigenen Sprache geworden.“ Nicht ganz so hart urteilt der Werbetexter Reinhard Siemes: Die Hälfte aller Politikerreden bestehe aus „verbaler Spachtelmasse“. Zum Beispiel dieser Satz aus dem Wahlprogramm der SPD 2009: „Die soziale Gesellschaft ist das Feld, in dem Bürgerinnen und Bürger besonders intensiv Verantwortung übernehmen und aktiv mitmachen.“ Das Doppelt-Gemoppelte ist Spachtel vom Feinsten: „sozial“ und „Gesellschaft“, „aktiv“ und „mitmachen“ sind einfach nur Wiederholungen. „Verantwortung übernehmen“ reicht, „intensiv“ ist Füllmasse. Der ganze Satz hat so viel Informationsgehalt wie Grießbrei.

Klassische Politikerformeln sind: „Gesamtkonzept“ und „Zukunftsperspektive“. „Konzept“ kommt von „concipere“ – zusammenfassen –, enthält also schon „gesamt“. „Perspektive“ ist laut Duden „Aussicht auf die Zukunft“. Doppeltgemoppelt schindet Zeit, und das Lateinische suggeriert höheres Wissen im Nebel der Unverbindlichkeit. (Aufgepasst: In einer Kultur, die Bildung nicht mehr so hoch hält wie vor 50 Jahren, muss es „nahe an den Menschen“ sein, damit es „draußen im Lande“ auch verstanden wird.) Redundanz – die unnötige Wiederholung – ist so nützlich, weil man Rauch blasen kann, ohne zum Kern vorzustoßen. Also sprach der Bundespräsident zu Weihnachten von „unserem Land, seinen Bürgern und der Politik“. „Land“ hätte genügt.

Eine Meisterin des Schachtel-Spachtel-Sprech ist Angela Merkel. Als sie kurz nach ihrer Wahl 2005 im Loch der Meinungsumfragen zu versinken drohte, erklärte sie die Lage wie folgt: „Wir haben sehr offen darüber gesprochen, dass bei all den günstigen Daten die Zustimmung der Bürgerinnen und Bürger noch nicht da ist, dass Zweifel bestehen, dass Fragen gestellt werden und dass ein großes Maß an Skepsis da ist.“ Zweifel, Fragen, Skepsis, Zustimmungsverlust: Alles ein verlängertes Rührei des Gleichen, das die klare Aussage vermeidet, etwa: „Wir wissen, dass Sie unzufrieden mit uns sind. Wir haben es verstanden. Wir machen jetzt A, B, und C.“ Vielleicht wären die Sympathiewerte sogar hochgeschnellt.

Glauben wir aber ja nicht, dass dieser Polit-Sprech bloß das Reservat der Etablierten sei. Kaum hatten die Piraten in den Wahlprognosen einen Stich

* langweilig schwätzen

gemacht, da redeten sie schon wie die Alten, zumal bei ihrem Kernthema, dem Urheberrecht. „Die Rückführung von Werken in den öffentlichen Raum ist daher nicht nur berechtigt, sondern im Sinne der menschlichen Schöpfungsfähigkeiten von essenzieller Wichtigkeit." So schwulstig die Sprache, so gefährlich der Kern: Wir wollen für Musik, Filme, Bücher nichts mehr bezahlen, der Privatbesitz von geistigem Eigentum gehört aufgehoben." Also lass es uns verschleiern. Unsere eigene Truppe wird es schon verstehen, die „da draußen im Lande" sollten es nicht so genau checken.

Kreiden wir aber nicht allein den Politikern an, was durchgängig wuchert und wabert. Neusprech findet sich überall, auch bei Journalisten, die eine Verlautbarung so wiedergeben: „Die Staatsanwaltschaft geht von einer parteipolitisch motivierten Erhöhung der Zuschüsse aus, um die im Jahr 1999 initiierte Imagekampagne der CDU-geführten sächsischen Staatsregierung ‚Sachsen für Sachsen' zu finanzieren" (AP, 24. August 2006). Auf Deutsch: „Verdacht der Bestechung".

Alle, die im Weinberg des Zeitgeistes arbeiten, reden so: Sozialarbeiter, Gender-Beauftragte, Stiftungs-Referenten, Bürokraten. „Lernprozesse" (früher war's nur „Lernen) sind immer „kreativ", Profile werden stets „geschärft", um „kreativ genutzt" zu werden. Das sind Floskeln, die munter von der Festplatte purzeln. Besonders beliebt, wie bei Politikern, ist die Redundanz, die Aneinanderreihung des Gleichen.

„Programm" ist zu mager, das „Programmdesign" muss her. Zu armselig ist die „Erfolgskontrolle", stattdessen plätschert der Wasserfall: „Entwicklungen werden durch Methoden der Selbstevaluation und durch Maßnahmen zur Qualitätsüberprüfung erfasst." Die „Konzeption" eines Projekts muss durch die „thematische Ausgestaltung" aufgebläht werden. Aufblähung ist Prinzip: „Die XY hat für alle Phasen der Programmarbeit konkret auf die Programme zugeschnittene Instrumente entwickelt, um die Qualität zu sichern und Ergebnisse für weitere Vorhaben zu nutzen." Es könnte auch schlichter, also klarer gesagt werden: „Der Erfolg wird regelmäßig gemessen." Aber so würde ein Geschäftsbericht nicht 100, sondern nur zehn Seiten umfassen und die Bedeutung der jeweiligen Institution mindern, limitieren und reduzieren.

Ein klassisches Beispiel des Marketing-Deutsch liefert ein Vorstandschef, der über den „Markenauftritt" doziert: „One Company, One Service", lautet der Slogan. Englisch ist in der Wirtschaft Pflicht. Klingt irgendwie cooler als „Alle Dienstleistungen aus einer Hand". Außerdem kann eine Marke nicht „auftreten". Weiter in der Rede: „Wir haben Marketing und Vertrieb gestrafft, die Zahl der Marken reduziert und die neue Markenarchitektur etabliert." Mehr noch: „Wir haben die bisherige Kommunikation auf den Prüfstand gestellt." Da steht sie gut, wie ein Auto beim TÜV. Und „uns für eine Vereinfachung unserer Marktansprache entschieden". Jetzt einmal durchatmen und auf Deutsch: „Wir haben das Personal und die Produkte verringert. Wir wollen jetzt verständlich mit den Kunden reden." Nur: Entlassungen („haben gestrafft") sind gar nicht gut. Auch nicht gut wäre das Eingeständnis, früher nur Kauderwelsch geredet zu haben, also weiter mit dem verschleiernden Gebrabbel.

Warum reden Politiker und Bosse so? Weil der Schwall der Worte, möglichst vielsilbig und lateinischen/englischen Ursprungs, ein gutes Versteck hergibt. Wer Klartext und Schärfe vermeidet, eckt nicht an und verärgert nicht. Ob in Politik oder Marketing – es gilt, Abstoßungsreflexe zu vermeiden. Sonst kostet es Wähler oder Kunden. Hier vereinen sich Polit- und Marketing-Sprech mit dem politisch Korrekten, das höhere Moral suggeriert und deshalb Unanfechtbarkeit verheißt. Niemandem wehtun, am wenigsten sich selbst. Lau badet's sich gut, im Schaum noch besser.

Leider stumpft solche Sprache auch das Gehirn ab – und das ist der Sinn der Sache. Die so Angesprochenen sollen ob des Wortgeklingels die Botschaft nicht so genau „auf den Prüfstand stellen". Dann liefe es wie beim TÜV: hier Rost, da ein Riss im Chassis. George Orwell hat diese Entwicklung schon vor zwei Generationen in seinem Roman „1984" erkannt, in einem prophetischen Meisterwerk über den Zusammenhang zwischen Sprache und Herrschaft. Nur in einem hat er sich geirrt. Für „Neusprech" und „Gutdenk" brauchen wir keinen Big Brother. Wir machen es ganz allein, ohne Geheimpolizei und Gehirnwäsche. Sie glauben es nicht? Dann lauschen sie Kanzler und Ministern bei der nächsten Pressekonferenz. Und lesen sie den Geschäftsbericht der Dingsbums AG.

Ob Firmenkommunikation oder Geschäftsberichte, Abkürzungen und „Fachchinesisch" erschweren in Politik und Wirtschaft gleichermaßen das Verständnis der konkreten Inhalte.

Roger Köppel

Kauderwelsch als Herrschaftsinstrument

Es war eine interessante Abendrunde in Berlin. Die Kanzlerin war gekommen, um ihre umstrittene Gesundheitsreform zu erklären. Ihr gegenüber saß die Elite der deutschen Publizistik, gestandene Chefredakteure, investigative Skeptiker und kritisch gestimmte Meinungsführer, die sich nicht mit dem üblichen Politgeschwurbel abspeisen lassen wollten. Die Kanzlerin wurde begleitet von ihrem Stab, darunter ein Regierungsberater, der sich arglos neben mich setzte. Die Kanzlerin hob an, die von ihren Leuten gezimmerte Reform den Anwesenden verständlich zu machen. Andächtiges Nicken, raunende Zustimmung im Saal, ich allerdings, immerhin Inhaber eines Philosophie-Abschlusses der Universität Zürich, auf den ich mir nicht viel einbilde, verstand kein Wort. Nach rund 45 Minuten, die sich wie zwei Stunden angefühlt hatten, gewährte die Kanzlerin eine kurze Pause. Ich wandte mich verschämt an meinen Sitznachbarn, den Regierungsberater, um ihm mein Leid zu beichten: „Entschuldigen Sie, aber ich habe kein Wort verstanden, können Sie mir die Reform erklären?“ Der Mann lachte entwaffnend und erwiderte: „Herr Köppel, machen Sie sich keine Sorgen, ich habe auch nichts verstanden, aber wir haben Experten, die wissen genau, worum's geht.“

(geb.1965) Schweizer Journalist. Fing 1988 bei der renommierten „Neuen Zürcher Zeitung“ an, ging zum „Tages-Anzeiger“, wurde 2001 Chefredakteur der in Zürich erscheinenden WELTWOCHE. 2004-06 Wechsel nach Deutschland als Chefredakteur der WELT. Danach Rückkehr zur WELTWOCHE – diesmal als Chefredakteur, Verleger und Besitzer.

Roger Köppel

Obschon ich mir durchaus im Klaren bin, dass es auch an mir liegen kann, wenn ich den Ausführungen eines Politikers intellektuell nicht zu folgen vermag, handelt es sich bei der eben erzählten Anekdote um ein Schlüsselerlebnis, das uns die Gefahren von Politikerkauderwelsch vor Augen führt. Politiker tendieren, wenn man sie denn lässt, naturgemäß zur kalkulierten Unverständlichkeit. Sie sagen nichts oder sie sagen es so, dass man es nicht versteht, weil sie nicht verstanden werden wollen. Wer verstanden wird, hat etwas gesagt. Wer etwas gesagt hat, kann darauf behaftet werden. Wer behaftet wird, schränkt seine Handlungsmöglichkeiten ein und macht sich verantwortlich. Genau dies zu vermeiden, ist das naheliegende Ziel der meisten Politiker. Indem sie nichts oder indem sie etwas Unverständliches sagen, sichern sie sich einen größeren Spielraum, mehren sie ihre Macht. Das hochgestochen klingende Kauderwelsch der Politiker ist ein Herrschaftsinstrument, das intellektuelles Charisma produziert, die Bürger geistig einschüchtert und dem Politiker alle Optionen und Deutungsvarianten offenlässt. Wer nicht verstanden wird, kann vom Bürger nicht kontrolliert werden.

Wobei wir bei der Systemfrage wären: In repräsentativen Demokratien haben es die Politiker leichter. Sie müssen sich nur alle vier, fünf Jahre darum bemühen, von den Bürgern einigermaßen verstanden zu werden. Zu viel Unverständlichkeit schadet der Wählbarkeit wie umgekehrt zu viel Klarheit. In Wahlperioden allerdings ist es wichtig, dass Politiker wenigstens ein paar einprägsame Sätze in Form von Wahlversprechen absondern. Das Problem liegt darin, dass sie in repräsentativen Systemen nach der Wahl nicht mehr ausreichend durch ihre Wähler kontrolliert werden und sich dadurch leichterdings von ihren Wahlgelöbnissen lösen können. Über Nacht schlagen dann Steuersenkungsversprechen in Steuererhöhungen um, selbstverständlich wortreich, wenn auch unverständlich begründet, was keine Rolle spielt, weil die nächsten Wahlen ja erst wieder in ein paar Jahren stattfinden. Die repräsentative Demokratie verstärkt die Kauderwelschisierung der Politik, weil dem Bürger die Möglichkeit genommen wird, die Politiker auch nach der Wahl wirksam zu kontrollieren. Er kann sie, einmal gewählt, nicht mehr zurückpfeifen, sondern er muss ihnen, zwangsläufig, zuhören.

Das führt uns zu den Vorteilen der direkten Demokratie. Die direkte Demokratie ist die Staatsform des institutionalisierten Misstrauens des Bürgers gegenüber dem Staat. Auch in direkten Demokratien werden Volksvertreter für eine bestimmte Dauer gewählt, aber die Wähler misstrauen ihren Vertretern so sehr, dass sie sie auch nach der Wahl nicht in Ruhe lassen, sondern im Gegenteil mit den Instrumenten der Volksinitiative oder des Referendums an der engen Leine führen. Die direkte Demokratie ist das Damoklesschwert über den Köpfen der politischen Klasse, mit einer enorm disziplinierenden Wirkung. Dass zeigt sich nicht nur daran, dass direkt demokratisch kontrollierte Politiker sparsamer mit dem Geld ihrer Bürger umgehen. Es ist eben auch daran abzulesen, dass der ständig referendumsbedrohte Politiker sich stärker darum bemühen muss, seinen Chefs, den Wählern, gegenüber verständlich und einleuchtend gegenüberzutreten.

Unverständliche Gesundheitsreformen à la Merkel würden in direkten Demokratien mit der roten Karte und der Aufforderung geahndet, der sich in Behördenkauderwelsch ausdrückende Politiker möge in zwei Wochen nochmals vor dem Volk antreten, dann aber verständlich nach Erledigung der Hausaufgaben. Die läuternde Kraft der Demokratie wirkt sich in ihrer direkten Form segensreich auf die Fähigkeit der Politiker aus, sich so auszudrücken, dass man weiß, wovon die Rede ist. Sie tun dies aus Selbstschutz, nicht freiwillig. In der direkten Demokratie gilt: Wer unverständlich oder, noch schlimmer, abgehoben daherredet, fällt durch.

Es ist kein Zufall, dass die Sprache dort am unverständlichsten ist, wo die Distanz zwischen Politiker und Bürger am größten ist. Die EU hält diesbezüglich alle Rekorde, sie ist auch sprachlich, was sie politisch repräsentiert: ein Monument der Bürgerferne. Die Verwaltung gibt den Ton an und hat sich die Politiker in jeder Hinsicht anverwandelt. In der Sprache drückt sich der Mangel an Kontrolle von unten aus, den die EU-Bürokratenpolitiker genießen. Sie bleiben unter sich und die Bürger als abstrakte Größe machtlos draußen.

Auch hier hat die Unverständlichkeit System. Sie dient der Verschleierung und macht es den Bürgern schwer, Absichten und Verantwortlichkeiten zu erkennen. Die EU ist das Gegenteil der direkten Demokratie. Sie kann sich sprachlichen Autismus leisten, weil die Bürger, in deren Interesse die EU angeblich errichtet worden ist, nichts zu sagen haben.

Die Abgehobenheit der Elite produziert die Unzufriedenheit der Basis. Es gärt in vielen Ländern. Die Leute kommen allmählich dahinter, dass die Versprechungen von oben oft genug nicht eingetroffen sind. Was wurde ihnen nicht alles erzählt, warum zum Beispiel der Euro ein erdbebensicheres Erfolgsprojekt werden würde. In elaborierten Exkursen legte man ihnen dar, weshalb die Währungsunion Wohlstand für alle ohne gegenseitige Haftungsrisiken bei Misserfolg bringen würde. Mittlerweile sind die Sprüche von einst als falsche Versprechen, mitunter als Lügen entlarvt. Was die kritisierte Elite naserümpfend als „Populismus" wegwischt, ist im Grunde der legitime Anspruch der Basis, bei künftigen politischen Entscheiden ihre demokratischen Mitentscheidungsrechte endlich wahrzunehmen. Weil die Probleme groß geworden sind, regt sich bei den Bürgern, ganz vernünftig, Skepsis gegenüber der Obrigkeit. Man möchte „die da oben" nicht mehr einfach machen lassen. Dass der Protest von unten sprachlich derb daherkommt, ist auch eine Reaktion auf das salonfähige Kauderwelsch der losgelösten Eliten.

Wo es an direktdemokratischer Kontrolle der Elite fehlt, sollten Zeitungen und Journalisten ihre Wächterrolle wahrnehmen. Journalisten müssen die Nebelsprache der Politiker durchdringen und entlarven, zur Kenntlichkeit entstellen. Leider schlagen sich viele Zeitungen in der Regel auf die Seite der Obrigkeit gegen das Volk. Das hat in Deutschland mit historischen Erfahrungen zu tun, in anderen Ländern schlicht damit, dass sich eine Art „medial-gouvernementaler Komplex" herausgebildet hat, eine unheilige Verbandelung von Politikern und Journalisten, wobei Journalisten und Politiker die gleichen Weltbilder und die gleiche undemokratische sprachliche Abgehobenheit verbinden. Es wäre der Grundauftrag der Zeitungen, sich diesem Polit-Filz zu entziehen, um ihn zugunsten der Leser und der Demokratie kritisch zu durchleuchten. „Trauen Sie nie den Aussagen Ihrer Regierung", sagte der frühere Chefredakteur der „Washington Post" Ben Bradlee, nachdem seine Kollegen Woodward und Bernstein den Watergate-Skandal aufgedeckt hatten. Die Regierungen und die Politiker haben seither dazugelernt. Man meidet die nachweisbare Unwahrheit. Es ist sicherer, die Bürger durch Bürokratenspeak und Kauderwelsch zu verwirren. Dagegen anzuschreiben ist höchste Journalistenpflicht.

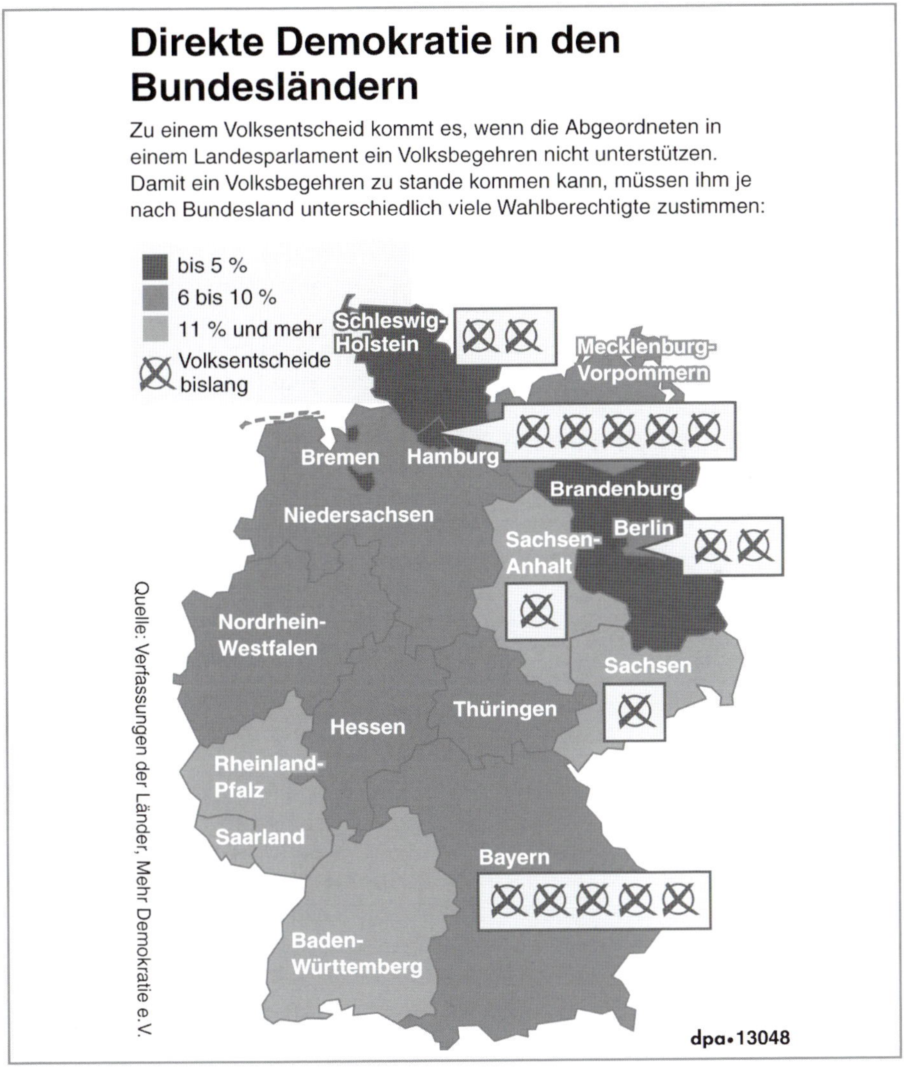

Direkte Demokratie als disziplinierende Maßnahme? Die Grafik zeigt die Zustimmungsquoten für ein Volksbegehren in den Bundesländern. Außerdem sind die bisherigen Volksentscheide vermerkt.

Jörg Quoos

Kauderwelsch – Gegengift ist guter Journalismus

„Wozu noch Journalismus?" hieß eine ausführliche Serie auf sueddeutsche.de. Die klügsten deutschen Publizisten zerbrachen sich darin die Köpfe über unser Gewerbe sowie dessen Zukunft und kamen nach 18 Folgen zum Glück zu dem Ergebnis: Ja, wir brauchen Journalismus irgendwie noch!

Wer lange im Politikbetrieb als Journalist unterwegs war, der kommt schneller zu diesem Ergebnis. Und er könnte sogar die schlichte These aufstellen: „Solange Politiker den Mund aufmachen, braucht es Journalisten." Denn wer bitte soll sie denn ohne Übersetzen, Einordnen, Straffen und Interpretieren am Ende verstehen?

Politiker und Journalisten sind – so muss man es leider sagen – eine Art symbiotische Zweckgemeinschaft eingegangen mit klarer Rollenverteilung: Die Politik regiert und produziert nebenbei Kauderwelsch. Der Journalist versteht und übersetzt. Er muss tapfer Schneisen in den Sprachdschungel der Politik schlagen. Er muss all die Wortgirlanden und Begriffs-Erfindungen weghauen, die Lesern und Zuschauern in Interviews und Talkrunden den Blick auf das Wahre und Klare verhängen sollen.

(geb. 1963), Abitur, Wehrdienst, Volontariat, Redakteur „Rhein-Neckar-Zeitung". Anschließend BZ (Berlin), 20 Jahre BILD, von 2004-2012 Stellvertreter des Chefredakteurs. Im hektischen Redaktionsbetrieb der ruhende Pol. Vater und Bruder ebenfalls Journalisten.

Jörg Quoos

Das Kauderwelsch mancher Berufspolitiker darf aber nicht verniedlicht werden. Es ist ein Gift, das langfristig die Glaubwürdigkeit von Politik zerfrisst. Das einzig wirksame Gegengift ist guter Journalismus mit dem Mut zu klarer Sprache. Wer als Journalist das Politiker-Kauderwelsch bloß wiederkäut, versündigt sich am Auftrag der freien Presse.

Aber wie gut sind wir Journalisten bei dieser Aufgabe? Wer mancher Fragerunde in der Bundespressekonferenz folgt, muss gelegentlich zweifeln und rätselt, wer die Sprachklitterung eigentlich besser beherrscht: Politiker und ihre Ministerialbürokratie? Oder mancher Hauptstadt-Journalist, der sich mit anbiederndem Polit-Sprech in den eigenen Fragen verheddert und sich nicht wundern darf, wenn am Ende die vernünftige Antwort fehlt.

Ulrich Wickert, den man nicht lieben muss, aber der sicher die deutsche Sprache liebt, hat sich über „verlotterte" Journalistensprache schon so geärgert, dass es in einem Gastbeitrag für die „Frankfurter Allgemeine Zeitung" aus ihm herausbrach: „Und warum lassen die Redaktionschefs die sprachliche Verlotterung durchgehen? Bedeutet ihnen die Sprache so wenig, oder merken sie nichts? Den Machern scheint das Bewusstsein für ihren öffentlich-rechtlichen Auftrag, für eine Grundversorgung politischer Information zu sorgen, abhandengekommen zu sein."

Man wünscht sich mehr von diesen selbstkritischen Ausbrüchen. Sie sind wohltuend und wichtig für unsere Demokratie. Denn wer seine Politiker nicht mehr versteht, fühlt sich auch selbst nicht verstanden. Das kann für die Politik bittere Folgen haben, wie das Wahljahr 2012 bereits gezeigt hat.

Das Auftauchen der Piraten auf der politischen Szene hat sicher viele Gründe. Ein besonders gewichtiger ist aber: Die Piraten misstrauen der klassischen Politikersprache. Sie ächten sie, machen sie sogar lächerlich – und sind erfolgreich damit. Im Berliner Wahlkampf waren die etablierten Parteien entweder im Wortsinn sprachlos und setzten bei ihren Plakaten auf bloße Köpfe. Oder sie waren unfähig zu klaren Botschaften. Die Berliner FDP versuchte auf ihren Plakaten vorbeifahrende Autofahrer mit dem Slogan einzufangen: „Ist die FDP eine Arbeiterpartei oder eine Partei der Besserverdiener? Wir möchten, dass man mit Arbeit besser verdient als ohne." Alles klar?

„Trau keinem Wahlplakat!", riefen die Piraten dagegen von ihren Stellwänden. Das war frech und die Botschaft saß. Am Ende saßen auch die Piraten – im Berliner Abgeordnetenhaus. Man muss daraus lernen: Falsche Sprache in der Politik kann die Bürger (und damit die Wähler) nachhaltig vergraulen.

Besonders schlimm wird Politiker-Kauderwelsch, wenn es benutzt wird, um sprachliche Schönfärberei zu betreiben. Wenn Worte zum Zuckerwürfel werden, um die bittere Botschaft genießbar zu machen. Das gerät bisweilen unerträglich, zum Beispiel wenn es in der Politik um Leben und Tod geht, also um die Anwendung militärischer Gewalt.

Es ist sicher einer der bleibenden Verdienste des Doktors (a. D.) zu Guttenberg, den Begriff „Krieg" ins Parlament zurückgebracht zu haben. Ein wirklich hässliches Wort, aber es beschreibt unmissverständlich, was geschieht, wenn Soldaten in den Kampf ziehen: Es wird getötet und gestorben. Jeder versteht die Dimension dieses Wortes und kann es – gerade bei Wahlentscheidungen – in seiner ganzen Tragweite erfassen. „Nie wieder Krieg!" Das war es, was sich die Gründerväter der Bundesrepublik aus bitterer Erfahrung wünschten. Und nicht etwa: „Nie wieder Stabilisierungseinsätze mit robustem Mandat!"

Guttenberg sei in diesem Zusammenhang also Dank. Wer aber in die Zeitungsarchive steigt und Berichte seriöser Zeitungen beispielsweise über den Irak-Krieg nachliest, kann noch im Nachhinein darüber verzweifeln, wie viele Journalisten der Sprache der Militärs verfallen sind. Soldaten, die von

Klare Worte und zweifelsohne immer wieder Auslöser für heftige Debatten – die BILD-Zeitung. Bundeswirtschaftsminister Michael Glos mit einer Ausgabe 2007 im Bundestag im Rahmen der Haushaltsdebatte.

den eigenen Truppen versehentlich erschossen werden? Opfer von „friendly fire"! Und es wimmelt in Kriegs-Berichten von „Kollateralschäden". Leider handelt es sich dabei nicht um nebensächliche Schadensfälle, wie die Wortschöpfung nahelegt, sondern meist um tote Zivilisten.

Und wer, um es an dieser Stelle maximal klar zu sagen, als Politiker oder Journalist Menschen ernsthaft „weiche Ziele" nennt, ist selbst weich – und zwar in der Birne!

Während die sprachliche Beschönigung rund um das Militärische schon lange Tradition hat, ist das Politik-Kauderwelsch bei Wirtschaftsthemen, die die Menschen unmittelbar berühren, relativ neu, aber nicht minder ärgerlich. Wie schafft man es, dass der Rausschmiss eines Arbeitnehmers wie eine Wellness-Maßnahme klingt? Ganz einfach: Man nennt den Rauswurf „freisetzen“. So bekommt sogar der Zustand der Arbeitslosigkeit den Ruch von „Freiheit“ und Abenteuer – eine sprachliche Glanzleistung! Wer das Pech hat, einer solchen Freisetzung zu entgehen, darf sich vielleicht wenigstens über eine „Lohnanpassung“ freuen. Hört sich doch viel besser an als „Gehaltskürzung“, oder?

Besonders perfide und unausrottbar ist der Begriff „sozial Schwache“. Mit ihm werden „arme Leute“, wie es der Wahrheit entsprechend heißen müsste, sogar übel diskriminiert, weil man ihnen durch diese Formulierung unterstellt, ohne Geld irgendwie nicht ausreichend sozial (also asozial?) zu sein. Es ist der Gesellschaft für Deutsche Sprache hoch anzurechnen, dass sie 1991 damit begann, die Unworte des Jahres zu küren. Die lange Liste ist ein eindrucksvoller Beleg dafür, wie mit manipulierter Sprache Leser und Zuschauer für dumm verkauft werden sollen. Viele der Begriffe wie „Rentnerschwemme“ oder „Humankapital“ wurden in der Politik geboren und sie haben sich erschreckend im Sprachgebrauch festgesetzt. Es wäre ein großer Erfolg, wenn der Politik die Unworte eines Tages ausgingen und die Liste geschlossen werden könnte.

Es lohnt sich ganz besonders für die Politik, klare Worte zu gebrauchen und an ihre Wirkung zu glauben. Denn am Ende winkt die Glaubhaftigkeit. Oder um es mit Goethe zu sagen: „Im Ganzen – haltet Euch an Worte! Dann geht Ihr durch die sichere Pforte zum Tempel der Gewissheit ein!“

Dieter Wonka

Sprache ist ein Kampfinstrument im politischen Alltag

„Die Glaubwürdigkeit der Politiker war noch nie so gering wie heute. Das liegt nicht zuletzt an einer Gesellschaft, die in die Glotze guckt. Die Politiker reden nur oberflächliches Zeug in Talkshows, weil sie meinen, es sei die Hauptsache, man präge sich ihr Gesicht ein."

(Helmut Schmidt)

Das beschreibt die Wirklichkeit korrekt – aber nur zum Teil. Werden die Politiker so, weil sie glauben, die Medien-Menschen wollen es so? Oder wollen die Medien-Menschen solche Politiker, damit sie ihrem Kritiker-Geschäft bequem nachgehen können? Vielleicht liegt ja die Wahrheit irgendwo dazwischen. Politiker meinen leider oft, sich eine klare Sprache nicht leisten zu können. Man scheut heute mehr als früher das Risiko.

Für Anhänger des Politiker-Bashings, des respektlosen Aburteilens des Dienst tuenden Demokratie-Personals, ist die moderne Politiker-Sprache der endgültige Beweis: Je komplizierter die zu entscheidenden Dinge, je folgenreicher verabredete Maßnahmen, umso kruder die Sprache. EFSF, ESM, Fiskalpakt, Finanztransaktionssteuer, Euro-Rettungsschutzschirm – kaum ein Politiker bewältigt unfallfrei diese Tarnfloskeln. Wer kauderwelscht, der entgeht vielleicht der einfachen Boulevard-Frage: Was passiert mit dem Geld der Deutschen?

Mit Worten macht man Politik, weil sie neue Wirklichkeiten schaffen können. Die undurchschaubare Welt der Finanzmarkt-Jongleure wird mit einer nicht mehr durchschaubaren akrobatischen Abkürzungs-Politik bekämpft. Genauso haben es sich die Sprachklempner gedacht, denen es zu mühsam ist, Dinge bis zum Schluss auszutragen. Am Ende wird alles ein milchglasiges Etwas.

Sprache ist ein Kampfinstrument im politischen Alltag. Wenige, die sie beherrschen, bringen es zu höchstem Ruhm, sobald sich Begriffe mit ihnen verbinden: Peer Steinbrück und „Kavallerie"; Angela Merkel und „alternativlos"; Sigmar Gabriel und „Siggi Pop"; Joachim Gauck und „Freiheit"; Joschka Fischer und „I am not convinced"; Horst Seehofer und „Ich werde nicht mehr den Mund halten". Botschaften, Begriffe, Ansprüche, die sich auf Anhieb erschließen. Egal ob negativ oder positiv in ihrer Wirkung: Wer so spricht, wer so kategorisiert wird, der ist identifizierbar. Solchen Typen erwächst

(geb. 1954) Hauptstadtkorrespondent der „Leipziger Volkszeitung" und gefürchtetster Fragesteller in Pressekonferenzen. War von 1981 bis 1989 Redakteur bei der „Neuen Presse Hannover". Danach wechselte Wonka zum „Stern", wo er bis 1991 arbeitete.

Dieter Wonka

auch die Kraft, sich die Sprache nicht oder nicht nur von den Medien vorgeben zu lassen.

Wenn es ganz besonders ernst zugeht, jetzt bei der Zukunft der Währung, flüchtet sich Politik noch mehr in die Unverständlichkeit der Begriffe. So war das beispielsweise auch auf dem letzten Höhepunkt des Kalten Krieges, als SS-20 gegen Cruise Missiles rhetorisch in Stellung gebracht wurden. Immer auch mit der Absicht, die allgemeine Unverständlichkeit der Sprache solle zumindest zweierlei Signale aussenden: Die Lage ist höchst gefährlich und der Normalbürger kennt sich nicht mehr aus; jetzt braucht man den Politiker, der orientiert und führt. Tatsächlich wird Sprache umso mehr zum Kuddelmuddel und Kauderwelsch, je weniger Politiker selbst durchblicken und je mehr sie vermeiden möchten, dass sie dabei ertappt – sprich: verstanden – werden.

Sie benutzen Sprache hilfsweise, um in einer auch für sie unverständlich werdenden Welt Wirklichkeit zu verschleiern. Damit spinnen sie sich in einen scheinbar sicheren Kokon ein und sie schüren gleichzeitig die Verdrießlichkeit in der Bürgerschaft gegenüber Politik und Politikern.

Dabei gibt es genug Politiker, denen dieses „Kannitverstan" in der eigenen beruflichen Welt auf die Nerven geht. Sie wären gerne im Bundestag so direkt, wie sie es sind, wenn sie beispielsweise in der piekfeinen Parlamentarischen Gesellschaft, gegenüber des Berliner Reichstagsgebäudes, tatsächlich zusammensitzen, um ein Fußballspiel in der Champions League zu verfolgen. Da sprechen Angela Merkel und Co. so wie Hinz und Kunz, ein bisschen Kiezdeutsch soll auch dabei sein. Natürlich ist der Bundestag keine Fan-Meile. Aber wieso trauen sie sich nicht, auch im politischen Alltag bisweilen so zu reden, wie sie denken? Weil sie dann von Teilen der Presse fertiggemacht werden, als Halbstarke oder Leichtgewichte abgestempelt sind. Dann können sie ihre weitere Karriere gleich vergessen. Glattgespülte Politiker werden medial ebenso unnachsichtig abgeurteilt wie die ungekünstelten Darsteller.

Philipp Röslers Schicksal als niedersächsischer Provinzler, der es auf die große Bühne des Parteivorsitzenden und Vizekanzlers gebracht hat, war besiegelt, als er auf seinem Wahlparteitag in Rostock diesen eindeutigen und klaren Satz sagte: „Ab sofort wird geliefert." Wer sich so aufspielt, ohne den letzten Punch zu beherrschen, der hat in dieser Liga nichts zu suchen. Das ist die gängige Überzeugung. Es ist kein Gegenbeweis, dass sich später herausgestellt, Rösler ist für dieses System als Frontmann nicht kompatibel genug. Wichtig ist das Zwischenfazit: Er hatte keine Chance. Aber er hat es Freund und Gegner sehr leicht gemacht. Man muss schon eine politische Wuchtbrumme erster Güte sein, um sich mit klarer, eindeutiger, verständlicher Sprache zu behaupten.

Rösler ist der sympathische Mann aus dem südvietnamesischen Kháng Hu'ng.

Rainer Brüderle ist ein auch sehr lieber und netter Rheinland-Pfälzer. Er nutzte nach einer der vielen FDP-Wahlschlappen die vietnamesische Herkunft Röslers zur sprachlich finalen Attacke: „Glaubwürdigkeit gewinnt man, indem man nicht wie Bambusrohre hin und her schwingt, sondern steht wie eine Eiche." Da musste der Beinahe-FDP-Boss Brüderle seinen Parteifreund Rösler gar nicht direkt ansprechen, um zweierlei zu bewirken: Rösler, der Vietnamese aus dem Land, wo Reis und Bambus wachsen, hat nicht das Zeug für harte deutsche Politik. Zweifel, dass Brüderle nicht auch an schlafende Instinkte gedacht hat, sind erlaubt, hat doch der Vorsitzende der Liberalen im Bundestag für sich selbst das sprachlich beste Motto ausgegeben: „Erst grübeln, dann dübeln."

Röslers Vorvorgänger im Amt des Bundeswirtschaftsministers hieß Karl-Theodor zu Guttenberg („Der Klimaschutz ist kein Badeschlappenthema!"). Der war einer der beeindruckendsten polit-sprachlichen Blähkünstler, aber als CSU-Typ ein Renner. „Das mag jetzt saudumm klingen, aber ich denke nicht in Karriereschritten." Als Karl-Theodor zu Guttenberg das sagte, wurde er von euphorisierten Massen und Reportern täglich danach gefragt, wann er zum Sprung ins Kanzleramt ansetze. Kaum einer kauderwelschte mehr über Wirtschaft, Opel-Zukunft („Die Brücke für mich war, dass die gesamte Bundesregierung zu einer Gesamt-Einschätzung gekommen ist. In diese Einschätzung ist meine abweichende Haltung mit eingeflossen") oder knallhartes staatliches Handeln. Komischerweise wurde dem Freiherrn erst nach geplatzter Promotionskarriere zum Vorwurf gemacht, auch verteufelt viel Blech geredet zu haben.

Gleich zu Beginn seines kometenhaften Aufstiegs zum Retter der Bürgerdemokratie machte der politisierende Adelige einen großartigen Auftritt für die CDU auf dem Münsterplatz in Bonn. Noch ehe die Ministerkarosse vorgefahren war, erzählten mir – ungefragt – zwei ältere Bonner Damen, wie „großartig" der Herr zu Guttenberg es „denen da oben" wieder gegeben habe. Der Einwand, der neue Superstar auf der Polit-Bühne habe doch noch gar nichts gesagt, wurde weggewischt: „Sie werden es schon sehen." Und überhaupt versuchten die Medien doch jeden fertigzumachen, der „so großartig sei". Es folgten schmachtende Blicke auf das Ankündigungsplakat. Guttenberg für Deutschland? Tempi passati.

Jetzt erst meldeten sich auch zunehmend Politiker und Journalisten, die bis dahin stillschweigend ertragen hatten, dass es oft schwierig bis unmöglich schien, aus Guttenbergs verschachtelten Schwurbelsätzen zu Politik, Alltag und Macht ein nachrichtliches Destillat zu filtrieren. Eigentlich hatte er nicht viel zu sagen, aber das kam gewaltig rüber. Von Kindesbeinen an hatte Karl-Theodor im adeligen Umfeld gelernt, sich der Sprache zu bedienen. Er lernte eines von der Pieke auf: Worte lassen sich zu Sprachmauern aufbauen, mit denen

Kauderwelsch vor offenen Mikrofonen: Gemeinsam erläuterten der hessische Ministerpräsident Roland Koch, Bundeswirtschaftsminister Karl-Theodor zu Guttenberg und Bundesfinanzminister Peer Steinbrück 2009 vor dem Bundeskanzleramt die Ergebnisse der Krisensitzung, auf der über das weitere Schicksal des Autoherstellers Opel beraten wurde.

sich der Gegner und auch die Wählerschaft auf Distanz halten lässt. Wer viel redet, ohne was zu sagen und trotzdem so populär ist, der muss ja ziemlich klug sein.

Wie einfach waren Politiker und Politik zu verstehen, wenn Herbert Wehner den politischen Gegner („Hodentöter") beleidigte, wenn Franz Josef Strauß auf den Plätzen über linke „Ratten und Schmeißfliegen" ablederte oder den CDU-Freund Helmut Kohl als „total unfähig" im Wienerwald-Gasthaus abkanzelte, wenn Helmut „Schmidt-Schnauze" alles niederkartätschte, was nicht so polyglott Bescheid wusste wie er selbst („Politiker und Journalisten teilen sich das Schicksal, dass sie heute über Dinge reden, die sie erst morgen ganz verstehen ...").

Heute spricht Angela Merkel einmal im Vierteljahr von ihrer Politik als „alternativlos" und schon erschlafft der Widerstand. Als Geburtshelfer dieser Politik darf sich Helmut Kohl fühlen. Er begründete die Kanzler-Tradition, den Sprachkrampf zur Master-Doktrin zu machen. „Entscheidend ist, was hinten rauskommt!"

Wer so Politik auf das floskelhafte Ergebnis reduziert, dem ist der Entstehungsprozess von Politik im Grunde ziemlich egal. Die durch Sprache tarnende, täuschende und tricksende Politikerwelt schnurrt auf das Gerhard Schrödersche „Basta" zusammen. Statt zu diskutieren wird einfach dekretiert. Angela Merkel, die nicht nur ihre Politik, sondern ziemlich sicher auch sich selbst als „alternativlos" empfindet, ist die würdige Erbin dieser durch Sprache verdrießlich stimmenden Politik.

Keine Regel ohne Ausnahme. Bisweilen bricht sich die Kiezsprache auch bei Regierenden Bahn. Dann wird es ernst. Was wollte uns der Kanzleramtsminister Ronald Pofalla sagen, als er dem notorisch präsenten Wolfgang Bosbach auf dem Weg vom Dienstgebäude zum Dienstwagen entgegenschleuderte, er könne dessen „Hackfresse" nicht mehr ertragen? Ziemlich sicher ging es nicht um das Angesicht von Herrn Bosbach, auch nicht um eine Kopfwäsche für den einen CDU-Mann. Vermutlich war es die blitzartige Erkenntnis, dass aus der schwarz-gelben „Gurkentruppe" niemals ein geschlossener Regierungsverband werden würde. Es ist Pofalla eben einfach so überkommen. Er machte aus seinem Herzen keine Mördergrube. Das war dumm, weil er Amtsträger ist. Und er wurde dafür öffentlich und medial fertiggemacht wie schon lange kein Politiker mehr. Nie wieder Klartext!?

Man muss den Rechtsanwalt Wolfgang Kubicki als FDP-Politiker nicht mögen. Aber er beherrscht die Gabe, eindrucksvoll und rücksichtslos gegen andere und sich selbst Dinge auf den Punkt zu bringen. Den Mann versteht jeder. Auch wenn es seinerzeit bloß ein kurzes Telefonat mit einem Journalisten direkt vom Golfplatz aus Mallorca aus war: „Als Marke hat die FDP generell verschissen. Das meinen momentan die Bürger."

Dieses Knallbonbon vom September 2011 ersetzte in seiner Tiefe und in seiner Wirkung jeden Leitartikel in der „Zeit". Kurzzeitig war der Liberale scheinbar Deutschlands beliebtester Freidemokrat. Das kann nicht nur an der Fundamentalschwäche seiner Mitstreiter liegen. Wenn Sprache Wirklichkeit erklärt, macht man sich damit wenig Parteifreunde, leistet aber einen guten Beitrag zur Versöhnung des Bürgers mit dem Politischen.

Wer durch Sprache Wirklichkeit verschleiert, kann vielleicht politisch überleben, aber er schafft immer mehr an Verdrossenheit über Politik. Das wird zu einer Art Amtsmissbrauch. Politiker, die sich als Metaphernklempner versuchen, signalisieren Unsicherheit. Sie beschleunigen so, was sie eigentlich nicht zulassen wollen: die Abkehr von immer mehr Bürgern vom Politischen. Der Verdacht wird zur Gewissheit, je mehr man sich in das politische Kauderwelsch hineinhört: Eigentlich wollen Politiker doch gar nicht verstanden werden. Aber sie wollen sehr gern darüber klagen, dass sie nicht verstanden werden.

Es gab eine Zeit, da war Edmund Stoiber einfach nicht mehr zu ertragen. Nicht einmal mehr in der CSU. Eigentlich war „die gludernde Lot" auch schon gar nicht mehr lustig. Aber diese im Eifer entstandene sprachliche Fehlgeburt signalisierte zumindest eines: Hier rackert sich einer um der Sache willen ab. Dafür, dass Edmund Stoiber sich nicht geradeaus ausdrücken konnte, hat er es verdammt weit gebracht. Beinahe bis zum Kanzler. Dabei war Stoiber vielleicht der sprachlich unvollkommenste, aber ganz sicher der hundertprozentigste 24-Stunden-Politiker.

„Wenn Sie vom Hauptbahnhof in München mit zehn Minuten, ohne dass Sie am Flughafen noch einchecken müssen, dann starten Sie im Grunde genommen am Flughafen, am, am Hauptbahnhof in München starten Sie ihren Flug. Zehn Minuten! Schauen Sie sich mal die großen Flughäfen an, wenn Sie in Heathrow in London oder sonst wo, meine Charles de Gaulle in, äh Frankreich, oder in, äh in, in Rom, wenn Sie sich mal die Entfernungen ansehen, wenn Sie Frankfurt sich ansehen, dann werden Sie feststellen, dass zehn Minuten Sie jederzeit locker in Frankfurt brauchen, um ihr Gate zu finden. Wenn Sie vom Flug-, äh, vom Hauptbahnhof starten, Sie steigen in den Hauptbahnhof ein, Sie fahren mit dem Transrapid in zehn Minuten an den Flughafen in, an den Flughafen Franz Josef Strauß, dann starten Sie praktisch hier am Hauptbahnhof in München. Das bedeutet natürlich, dass der Hauptbahnhof im Grunde genommen näher an Bayern an die bayerischen Städte heranwächst, weil das ja klar ist, weil aus dem Hauptbahnhof viele Linien aus Bayern zusammenlaufen." Der Transrapid wird nicht gebraucht, in München wird trotzdem geflogen, wenn auch nur mit zwei Start- und Landebahnen.

Im Nachhinein ist das doch geradezu ein sprachlicher Glücksfall, weil er Bürger und Politik zusammenführte. Der Wolfratshausener Alt-Politiker ist, seit seiner Pensionierung, ein kultiger Politkauz geworden. Schlimmer ließe sich das Grundproblem der Politik, sich in modernen Kommunikationszeiten verständlich zu machen, gar nicht beschreiben.

Kleine Schlussnotiz: Angela Merkel, die Spröde aus der Uckermark, hat sich bisher, wenn es zeitlich klappte, in der Parlamentarischen Gesellschaft beim Fußballspiel sehen und auch gehen lassen – in Gegenwart von Abgeordneten. Dort herrscht noch das ungeschriebene Gesetz: Nichts dringt von hier nach draußen. Auf dem Höhepunkt der „Gurkentruppen"-Schlacht in der schwarz-gelben Koalition tratschten aber FDP-Abgeordnete über Merkels fußballerische Gefühlsausbrüche. Seitdem, so berichtet ein Verkehrsstaatssekretär und Fußball-TV-Stammgast in der „PG", hält sich Merkel auch da zurück. Wer kauderwelscht, ist dagegen gerettet. Daran sind nicht nur die Politiker schuld.

Coordt von Mannstein

Ohrwürmer, Eye-catcher und Worteerfinder – aus der Trickkiste eines Politikberaters

Anforderungen an die Sprache bei zunehmender Medienkonkurrenz

Nie zuvor in der Geschichte gab es eine solche Medienvielfalt mit immer neuen Kommunikationstechnologien, die in immer kürzeren Abständen auf die Märkte drängen. Damit ändern sich auch Kommunikationssituationen in immer kürzeren Intervallen. Modernes Medienmanagement muss die Trends früh erkennen, um sie sich nutzbar zu machen – um ihnen nicht hinterherzuhecheln. Dazu ist vor allem eines nötig: komplexe und manchmal langatmige Zusammenhänge wie Parteiprogramme und politische Debatten sind zu verdichten und zuzuspitzen. Medium ist vor allem die Sprache: Nur wenn sie sitzt, punktgenau trifft, Kauderwelsch vermeidet, wird eine Aussage wahrgenommen. Die hohe Kunst der Wahlwerbung ist deshalb Reduktion, Konzentration und Fokussierung. Das wird immer wichtiger. Denn die ideologischen Unterschiede zwischen den Parteien haben messbar abgenommen. Was der Politikwissenschaftler Jürgen Falter 2003 festgestellt hat, gilt heute mehr denn je: Man braucht den mikroskopischen Blick, um Unterschiede überhaupt noch zu erkennen.

(geb.1937) Inhaber und Geschäftsführer der von Mannstein Werbeagentur. Professor (i.R.) für Visuelle Kommunikation, Universität Essen. Führte über 60 Wahlkämpfe auf Europa-, Bundes-, Landes- und kommunaler Ebene für die CDU durch, davon 7 Bundestags-Wahlkampagnen. 2 Bundestags-Wahlkampagnen für die FDP. Gewinner des Politikaward.

Coordt v. Mannstein

Was ist eine von Kauderwelsch freie, treffende Sprache? Das kommt auf die Wahlkampfmedien und -formate an. Es gibt das arbeitsteilige Prinzip einer „synchronisierten Kommunikation“. In Informationsbroschüren kann das Programm von Politikfeld zu Politikfeld entwickelt werden. Faltblätter können den Markenkern entfalten. In Internetforen, auf Facebook oder Twitter, kann man sich darüber austauschen, interagieren, widersprechen oder nur zwitschern und das Rauschen vermehren, ohne Hierarchien – und das nicht nur bei den Piraten. Das Plakat hat dagegen nur drei, vier Worte und das Bild zur Verfügung! Es ist nicht Argument, sondern Ereignis. Von ihm muss die Kernbotschaft ausgehen: attraktiv, authentisch, mit wiedererkennbarem Appeal. Es ist der Leuchtturm in der Brandung politischer Werbung.

Es gibt einen ganzen Schatz von rhetorischen Stilmitteln, die nicht nur überreden, sondern, auf knappstem Raum, auch überzeugen können. Sie funktionieren bis heute. Einiges hole ich aus diesem Arsenal hervor und mache den Leser dieses Buches damit zu Zeugen der Betriebsgeheimnisse politischer Werbung.

Reduktion auf eine Aussage-Essenz oder: To put it in a nutshell

Komplexe sachpolitische Themen können zu einem griffigen Slogan verdichtet werden. Beispiele: „Arbeit muss sich wieder lohnen" (FDP, Bundestagswahl 2009), „Mehr Netto vom Brutto" (FDP, BTW 2005), aus einer Zeit, in der die FDP mit großen Erfolgen auf Steuersenkung als politisches Kernziel drängte. „Aufschwung für Deutschland" (CDU, BTW 1983): ein Slogan aus der Wirtschaftsterminologie entliehen, der politisch für ein Programm motiviert, das die Prosperität des ganzen Landes anstrebt.

Phraseologie

Traditionelle Redensarten, Sprichwörter und festgelegte Wortverbindungen kennt fast jeder. In einem sprachschöpferischen Prozess werden diese Wendungen verfremdet und in einen neuen, politischen, Kontext „verpflanzt". Die Botschaft kommt an, weil man Vertrautes im neuen, überraschenden Gewand wiedererkennt. Die Sprachnormen werden dabei ein wenig oder ein wenig stärker verletzt: Aus der Kreativität wächst eine neue Botschaft, die an Bekanntes anknüpfen kann. Beispiele: „Politik ohne Bart" (CDU, BTW 1994), in Verbindung mit dem Bild des verschmitzt lächelnden, im Unterschied zu seinem Herausforderer Scharping bartlosen Bundeskanzlers Helmut Kohl konnte durch diesen Slogan im Bundestagswahlkampf 1994 ein Stimmungswechsel eingeleitet werden. Oder im weiteren Wahlkampfverlauf: „Auf in die Zukunft ... aber nicht auf roten Socken" – der Slogan lebt aus zweierlei: dem Hinweis auf die Herausforderungen nach der Wiedervereinigung und der Warnung vor dem „Magdeburger Modell", einer Duldung der rot-grünen Minderheitsregierung durch die PDS.

Neologismen

Wortneuschöpfungen sind Eye- und Ear-catcher. Wenn sie gut sind, bleiben sie haften. Manchmal gehen sie sogar in den Duden und damit in die amtliche Hochsprache ein. Mit der Botschaft „Europa auf Vorderfrau bringen" weckte Silvana Koch-Mehrin, Spitzenkandidatin der FDP im Europawahlkampf 2004, Aufmerksamkeit für sich und das weibliche Geschlecht in der Politik.

Allegorisierung

Mit wenigen Worten kann eine komplexe Botschaft transportiert werden. Beispiele sind Chris, die Boxerin mit dem Slogan: „Komm aus Deiner linken Ecke!", und eine Schiedsrichterin mit klarer Ansage: „Den Linken jetzt die rote Karte!". Beide CDU-Motive stammen aus dem Bundestagswahlkampf 1976. Das Motiv „Chris" wird zur Ikone und ist bis heute nachgefragt. Als Bildspender fungiert hier der Lebensbereich „Sport".

Spiel mit rhetorischen Figuren

Sprache hat Rhythmus, Melodie, Musik, bestenfalls Beat. Das gelingt besonders durch die Kombination von Worten, wenn sie einen hohen Wiedererkennungswert haben und sich oft wie Ohrwürmer ins Gedächtnis eingraben. Die Kombination „Top, Thüringen" (CDU) im Landtagswahlkampf von Ministerpräsident Bernhard Vogel 1999 ist dafür ein erfolgsträchtiges Beispiel. „Mutig. Menschlich. Modern." skizzierte das Selbstverständnis und Parteiprogramm der CDU Hessen zur Landtagswahl im Februar 2008. „Bock auf Bayern" brachte die CSU in der Bundestagswahl 1987 als Bekenntnis zum Freistaat für eine junge Zielgruppe zum Ausdruck.

Hervorhebung einzelner Wort- oder Namensbestandteile
Aus Hervorheben eines Namens in Verknüpfung mit einem Ziel kann die – positive – Botschaft werden. Beispiel: Kat*ja* Suding im Wahlkampf um den Wiedereinzug der FDP in die Hamburgische Bürgerschaft 2011. Die nahezu unbekannte Spitzenkandidatin der FDP wird mit dem votierenden „Ja!" und dem politischen Ziel „Ja zum Neustart für Hamburg" in Verbindung gebracht und erhält eine wählbare Richtung. Das „Ja!" ist selbst ein Appell.

Direkte Adressierung des Rezipienten
Sprachliche Zeichen müssen emotional bewegen. Keine Ausdrucksform kann dies besser gewährleisten als der direkte Appell. Beispiele: „Der beste Politiker sind Sie selbst" (FDP, Europawahl 2004), ein Slogan für Eigenverantwortung und Freiheit, gegen ein paternalistisch obrigkeitsstaatliches Verhältnis zur Politik. Das wissen auch Bündnis 90/Die Grünen. Sie krönen in der Wahl zur Hamburgischen Bürgerschaft 2011 ihre Wählerinnen: „Du bist Königin" – so lautet die Botschaft, die sich durch den Zusatz: „Mehr Beteiligung und Bürgerrechte" erklärt. „Paß' gut auf Dich auf, Niedersachsen" (CDU, LTW 1986) spricht ein ganzes Bundesland an, ein Slogan, der auf Identifikation und Vertrauen zielt und im politischen Kontext zugleich als Warnung vor dem wenige Wochen nach dem Reaktorunfall von Tschernobyl erstarkten Rot-Grün-Bündnis zu verstehen ist.

Metonymischer Sprachgebrauch (Umbenennung)
Sprache kann tanzen! Ein Ausdruck wird nicht wörtlich gebraucht und verstanden, sondern in einem übertragenen Sinn. Die Bedeutungsbeziehung gründet auf sachlicher Zusammengehörigkeit. In den folgenden Beispielen steht das „Gefäß" für den Inhalt, also Berlin, Hessen und NRW für seine Einwohner bzw. Wähler/-innen. Beispiele: „Gib Dir einen Ruck, Berlin" (CDU, Senatswahlen Berlin 1981) oder auch „Nutz' Deine Chance, Hessen." (CDU, LTW 1987) . Beide Slogans zeichnen Stoßrichtung und Mobilisierung aus, die durch eine seinerzeit ungewöhnlich große, plakatfüllende Typografie auf Textgroßflächen unterstützt wird. Wowereits „Berlin verstehen" (SPD, Senatswahlen Berlin 2011) greift die „räumliche Nachbarschaft" mit der Nähe zu den Menschen und dem Wissen-wo-es-lang-geht von Partei und Person auf. Und Hannelore Kraft, die Ministerpräsidentin Nordrhein-Westfalens, „trägt NRW im Herzen" (SPD, LTW 2012). Auch der Slogan und das Parteiprogramm „Grün wirkt" von Bündnis 90/Die Grünen (BTW 2002) arbeitet im übertragenen Sinn: Aus der Farbe Grün, der Leben, Natur und gesundes Wachstum zugesprochen werden, wird das Wirkversprechen der Handlungsmächtigkeit einer Partei.

Schlüsselbegriffe (Keywords)

Keywords ersetzen Satzaussagen. Sie appellieren an Selbstverständliches – und machen es damit vielleicht erst selbstverständlich. Die Kernbegriffe werden aufgerufen, um mit der Partei und/oder dem Spitzenkandidaten identifiziert zu werden. Beispiele mit Spitzenkandidaten: Olaf Scholz steht für „Verantwortung" (SPD, Wahlen zur Hamburgischen Bürgerschaft 2011), Roland Koch für das „Erfolgsland Hessen" (CDU, LTW 2003), Christian Wulff 2008 als Ministerpräsident für das „Zukunftsland Niedersachsen". Aber auch parteieigene Positionsbestimmung, Strategie und Zielgruppenfokussierung lassen sich via Schlüsselbegriff als Leitmotiv abbilden: von Gerhard Schröders „Neuer Mitte" (SPD, BTW 1998) bis hin zum christdemokratischen Parteitagsmotto 2007 „Die Mitte". Schlüsselbegriffe finden sich durchgängig in der politischen Kommunikation, können aber wegen ihrer vielfachen Anwendung, Identität und Austauschbarkeit Gefahr laufen, oft nicht mehr eindeutig zugeordnet zu werden. So scheint gerade die „Mitte" mit Ausnahme des rechten und linken Parteienspektrums überall angekommen zu sein.

Emphase

Keywords können zu Befehlen werden. Man kann ihnen nicht mehr ausweichen. Der Klassiker aus der Adenauer-Ära: „Keine Experimente!" (CDU, BTW 1957), der die Fortsetzung der Regierung anmahnt und vor den Folgen eines andersgearteten Wahlverhaltens warnt. Oder auf die Person des Spitzenkandidaten bezogen: „Ja, Albrecht-Politik!" (CDU, LTW 1986). Der damalige niedersächsische Ministerpräsident Ernst Albrecht, Vater der heutigen Bundesarbeitsministerin Ursula von der Leyen, vereint Partei, Programm und Person zur bejahenden Werbebotschaft. Dies ist nicht ohne Risiko, kann aber auch sehr erfolgsträchtig sein. Dagegen werden sachpolitische Felder in der politischen Kommunikation häufig als Schlüsselbegriff mit Aufforderung ausgerufen, wie „Arbeit!", „Bildung!", „Sicherheit!" (CDU, LTW Niedersachsen 2003).

Normverletzung auf syntaktischer Ebene

Dann gibt es das Aufbrechen gewohnter Satzstrukturen. Ein unerwartetes Satzzeichen oder eine Pause wecken erhöhte Aufmerksamkeit. Beispiel: „Wir machen Niedersachsen. Besser." (CDU, LTW 2003).

Werbung als Katalysator für Sprachwandel

Von der Werbung geprägte Formeln können über die mediale Berichterstattung in den allgemeinen Sprachgebrauch eingehen. Damit wird sprachliche Werbung zum „Klassiker". Nachhaltiger kann Wirkung kaum sein. Beispiele: das Versprechen von Bundeskanzler Helmut Kohl für die Entwicklung der neuen Bundesländer „Blühende Landschaften" (CDU, BTW 1990), wie auch der bereits oben erwähnte Slogan „... aber nicht auf roten Socken" (CDU). Denn dieser Slogan wirkt nicht nur unmittelbar im Bundestagswahlkampf 1994, die Berichterstattung über die „Rote Socken-Kampagne" dauert bis zur Bundestagswahl von 1998 an und wird bis heute immer wieder aufgerufen.

Modellierungen
Die Sprachstrategien unterscheiden sich, je nachdem, welche Klaviatur in einem Wahlkampf bespielt wird: Im Profilierungswahlkampf wird man eine souveräne, auf Sympathie, Wiedererkennung und Lebensnähe zielende Präsentation favorisieren; im Differenzierungs- und Themenwahlkampf geht es auch um Provokation und Irritation. Die Unterscheidung vom politischen Gegner wird sprachlich prägnant auf den Punkt gebracht: „Freiheit statt Sozialismus" (CDU, BTW 1976), „Zukunft statt Linksfront" (CDU, BTW 1994), „Anpacken statt Schlechtreden" (SPD, BTW 2002), „Verantwortung statt Verschuldung" (CDU, LTW NRW 2012) oder auch die landespolitische Warnung vor einer politischen Übermacht im Bund: „Rot-Grün braucht Kontrolle" (CDU, LTW Hessen 2003). Im Differenzierungswahlkampf muss man schnell reagieren. Tagesaktuelle Ereignisse oder Debatten müssen in zielgenaue neue Slogans umgesetzt werden, um Mängel oder Unfähigkeit des politischen Gegners jeweils konkret aufzuweisen.

Botschaften der politisch anderen Partei lassen sich häufig auch sprachlich konterkarieren. Auf die Anspielung, dass die Grünen Hannelore Kraft 2010 zu der Minderheitsregierung in Nordrhein-Westfalen gedrängt haben („Jede Kraft braucht einen Antrieb", Bündnis 90/Die Grünen, LTW 2012), antwortet der regierungsführende Partner souverän: „Jeder Antrieb braucht eine Kraft" (SPD, LTW 2012). Es geht auch polarisierend gegenüber dem politischen Gegner. 2005 nimmt die FDP den Slogan „Grün wirkt" aufs Korn, nicht sprachlich, sondern mithilfe von Bildern, die den darauf gesetzten Slogan inhaltlich anders deuten lassen – durch eine Menschenschlange vor dem Arbeitsamt, Hände, die die Hosentaschen als Kennzeichen von Pleite herausziehen, eine Zapfsäule mit hohen Benzinkostenanzeigen und einigen Motiven mehr.

Text-Bild-Gefüge als Kennzeichen moderner Kommunikation
Die Medien für politische Kommunikation haben sich, wie eingangs bereits erwähnt, verändert. Und sie haben sich vervielfacht. Sender- und Empfängerpositionen sind nicht mehr klar unterschieden. Eine neue – faszinierende – Unübersichtlichkeit. Doch auch wenn alles anders wird, ist nach wie vor das Plakat die Königsdisziplin der Wahlwerbung, weil es von der Text-Bild-Kommunikation lebt. Politische Kommunikation kann sich der Korrespondenz beider Medien bedienen. Und: Icons und Verbildlichung navigieren uns zunehmend durch das Netz. Wir leben im Bild-Zeitalter. Doch ohne sprachliche Botschaft bleibt das Bild leer. Auch wenn bei der Bundestagswahl 1994 eine Großfläche Bundeskanzler Helmut Kohl ganz ohne Worte in einer Menschenmenge zeigte, so bestätigt die eine Ausnahme für eine Markenpersönlichkeit, die keiner weiteren Erklärung bedarf, eher die

Ohne Kauderwelsch – das für die CDU im Europa- und Bundestagswahlkampf 1994 von Coordt von Mannstein (Bild) entworfene Plakat „Helmut Kohl in der Menge" kam ohne Text und Logo aus.

Regel. Im Umkehrschluss: Ohne Bild-Konkretion bleibt die Sprache blind. So wirbt z. B. Bündnis 90/Die Grünen in Baden-Württemberg mit der Aussage „Die neue Ellenbogen-Gesellschaft" (LTW 2011), vom reinen Sprachverständnis abgeleitet eher kein parteipolitischer Benefit. Erst das Bild, eine Gruppe aus Jung und Alt, die ihre Arme einander unterstützend eingehakt haben, gibt der Botschaft die beabsichtigte Richtung.

Wenn sprachliche und visuelle Elemente arbeitsteilig ineinandergreifen, entstehen Wirkungspotenziale, die sich nicht durch ein Medium allein herstellen lassen. Erst die Verbindung von Wort und Bild kann die Profilierung des Markenkerns, die themenbezogene Differenzierung und nicht zuletzt auch die im modernen Wahlkampf wichtige Personalisierung bewirken. Und weil die Ballung von Text und Bild einen hohen anschaulichen Wiedererkennungswert aufweist, können sie gemeinsam für den Sprung in die Medien und die informellen virtuellen und realen Debatten besonders wirkungsvoll sein. Atmosphärisch stimmig, „Neugiersympathie" weckend und so ausgewogen, dass die verbale Botschaft der visuellen dient. Und vice versa.

Glaubwürdig wird die Sprache politischer Werbung sein, wenn sie alle Register moderner Kommunikation zieht, dabei den pluralen Meinungsstrom offen hält und das Was, Wo und Wann klar benennt.

Aber das funktioniert nicht mit Kauderwelsch.

Dieter Wedel

Mit schwarzem Feuerblick und erprobten Worthülsen

Es gibt das Wort Hölderlins: „Die Zeit ist buchstabengenau." – Buchstabengenau! Es wird alles verzeichnet. Es bleibt nichts ungewogen. Alles wird durch Zeit und Sprache in die rechte Ordnung versetzt. Oder umgekehrt: Die Sprache, auf Stereotypen reduziert, verschleiert, weicht ins Unverbindliche aus, beschreibt nur noch Oberfläche, und verrät vielleicht gerade dadurch etwas über die Zeit, in der wir leben.

„Der Schöpfer hat die Seele, das heißt, die Kraft zu denken, er hat die Sprachwerkzeuge, das heißt, die Kraft zu reden, in uns beides als kostbare Gaben gelegt", heißt es bei den Brüdern Grimm. Die Sprache knüpft die Welt, knüpft die Gesellschaft aneinander. Sprachschatz, Mannigfaltigkeit der Formulierungsmöglichkeiten sind dazu bestimmt, die Vielfältigkeit von Ideen und Gedanken zu beleben.

(geb.1942) mit 14 bereits ein Theater-Skript geschrieben – Aufführung in Bad Nauheim. Studium (Theaterwissenschaft, Publizistik, Geschichte), Dr. phil. Tätigkeit als Regisseur, Drehbuchautor, Filmproduzent, Intendant der Wormser Nibelungenfestspiele. Bei Proben spielt er jedem Schauspieler dessen Rolle vor – auch Frauenrollen.

Dieter Wedel

Wenn aber menschliche Sprache unmittelbar mit der Fähigkeit des Denkens zusammenhängt, welche Auswirkungen hat dann erzwungene Beschränkung der Sprache, Beschränkung der Wortwahl und der Formulierungen auf das Denken?

Ein Politiker soll sich möglichst allgemein verständlich, also einfach und obendrein knapp zu allen anstehenden Problemen der Gegenwart äußern können. Und das jederzeit! Niemals sollte er seinem Temperament oder seinen Gefühlen nachgeben und stürmisch losrennen, schon gar nicht über das Ziel hinaus. Wie ein Dramatiker sollte er fähig sein, das Wesen der anderen Seite zu sehen, ihren Standpunkt zu begreifen, auch wenn er den nicht teilt oder sogar bekämpft. Aber er darf auch nicht wie ein seelenloser Roboter wirken, der Fakten herunterbetet. Ein begabter, ungemein erfolgreicher Politiker der SPD trug jahrelang den Spitznamen „Scholzomat". Offenbar hat seine kontrolliert automatenhafte Sprechweise seine Karriere aber nicht behindert. Olaf Scholz, so sein Name, regiert inzwischen Hamburg als Erster Bürgermeister mit absoluter Mehrheit.

Noch etwas: Bert Brecht hat darauf hingewiesen, dass Hass, auch der gerechte, das Gesicht verzerrt; dass Zorn, auch der gerechte, die Stimme schrill macht. Politiker sollen versuchen, sich nie von Gefühlen hinreißen zu lassen, auch in schwierigen Zeiten versuchen zu lächeln, ohne zu lügen, über Zorn, Wut und Empörung zu stehen und doch mitten im Kampf. Dass sie sich häufig nur floskelhaft äußern, ist nichts Neues. Aber man muss ihnen zugutehalten, dass sie zu allem und jedem eine klare Meinung beziehen sollen, und das jederzeit, zu jedem beliebigen Zeitpunkt. Umfassend sollen sie informiert sein über politische Konstellationen und Veränderungen in Nachbarländern – und Nachbar ist inzwischen die ganze Welt. Zugleich sollen sie Bescheid wissen über Betreuungsgeld und Probleme bei der Energiewende, und bei der Frage, ob nun eher Spar- oder Konjunkturprogramme den Euro retten. Zu all dem sollen sie eindeutig Position beziehen.

Wer einmal in einer Talkshow gesessen hat, weiß, was für ein Privileg es ist, auf eine Frage mal keine klare Antwort haben, nicht eine politische Richtung vertreten zu müssen, sondern eingestehen zu dürfen: „Darüber habe ich noch nicht nachgedacht. Im Augenblick überzeugt mich sowohl die Argumentation der einen Seite wie auch die der anderen." Den Zuschauern geht es doch häufig nicht anders. Sie spenden sowohl dem einen Diskussionsbeitrag Beifall und im nächsten Augenblick dem anderen, obwohl darin absolut gegensätzliche Positionen vertreten werden. Zudem wissen wir alle aus der Werbung, dass man den Konsumenten, den Wähler, den Zuschauer, nicht überstrapazieren darf. Bloß nicht in jeder Talkshow, bei jedem Interview etwas anderes erzählen über den neuen Film, das neue Theaterstück, die neue Besetzung – nein, möglichst die gleichen Sätze mit möglichst denselben Formulierungen hämmernd wiederholen. In der Werbesprache nennt man das „Penetration". Was eigentlich ein ganz reizvoller Vorgang ist, wird in der Wortwahl der Werbeleute zum Unwort.

Der Zuhörer merkt, dass Politiker bei Wiederholungen nicht eine Silbe, ja nicht mal den Tonfall verändern oder vergessen. Darin soll er wohl Wahrhaftigkeit, Gültigkeit, Gewicht des Gesagten erspüren und die Beständigkeit dessen, der es sagt. So hämmern also die Politiker ihre Floskeln den Bürgern ein mit leidenschaftlicher Unbeirrbarkeit. Sie sind einer permanenten Öffentlichkeit ausgesetzt. In jeder Sekunde müssen sie damit rechnen, dass ihnen ein Mikrofon hingehalten und ihnen eine Stellungnahme abverlangt wird. Wehe, wenn sie dann keine klare Meinung äußern, wenn sie stottern, schwanken, herumlavieren.

Der Ton in den Medien hat sich verschärft. Eine falsche Formulierung, eine Unachtsamkeit werden sofort über unzählige Verbreitungsmöglichkeiten an Leser, Hörer, Fernsehzuschauer, Internetbenutzer herangetragen. Was Wunder also, dass sich Politiker Sätze zurechtlegen, um stereotyp, ohne lange nachdenken zu müssen und ohne sich sprachlich zu verheddern, auf jede Frage wie aus der Pistole geschossen antworten zu können. Dabei scheint Pathetisches, krampfartig Aufgeblasenes, allzu Pompöses gottlob immer weniger anzukommen. Politiker sollen sich sachlich äußern, gefasst, bei aller Lebenswärme distanziert und gelassen und nicht die Stimmungen der Zeit zum artistischen Stilelement nutzen. Das scheint im Augenblick nur jener Partei erlaubt, die Zuspruch findet, weil sie gegen Parteien ist, eigentlich gegen alles, gegen Politiker sowieso und dabei sich schon wieder floskelhafter Phrasen bedient, die an die gewohnte Politikersprache erinnern. Noch einmal: Was wir von unseren Politikern erwarten, ist Kompetenz und Sachlichkeit, die Fähigkeit, auch schwierige Zusammenhänge möglichst einfach, möglichst knapp zu erläutern. Aber da fängt das Dilemma bereits an. In einer immer komplizierter werdenden Welt entziehen sich viele Probleme der Vereinfachung.

Wir kennen das doch aus Talkshows, aus Interviews. Einem Politiker wird eine Frage gestellt und sogleich die Bitte um eine möglichst kurze Antwort hinzugefügt. „Erklären Sie den Sinn des Lebens, und vielleicht auch noch, was die Welt im Innersten zusammenhält. Für die Antwort haben Sie 15 Sekunden."

Den Interviewern, Moderatoren, Talkmastern geht es meistens nicht um Aufklärung, sondern um Entertainment. Nicht die Sorge, dass ein Problem nicht ausreichend geklärt wird, treibt sie um, sondern die Angst, es könnte langweilig werden, die Antwort könnte zu kompliziert klingen, und die Zuschauer würden zu einer unterhaltsameren Sendung umschalten. Diese Ängste ihrer Befrager kennen Politiker. Sie wissen: Sie müssen kurz, knapp und möglichst unpräzise antworten, sonst haben sie keine Chance, ihren Satz zu Ende sprechen zu dürfen. Sollten sie allerdings unterbrochen werden, bleibt immerhin die Aussicht, bei einem anderen Interview, in einer anderen Talkshow denselben Satz zu Ende sprechen zu können. Bei so ziemlich jeder politischen Talkshow bin ich überrascht, mit welcher Vehemenz die Vertreter der verschiedenen politischen Richtungen aufeinander losgehen und ihre Positionen verteidigen; von keinem Hauch des Zweifels angerührt. Jeder hat die Wahrheit für sich gepachtet.

Auf viele komplizierte Fragen scheint es mir aber beinahe unmöglich, immer mit einem eindeutigen Ja oder Nein zu antworten. Doch das einschränkende Aber nach dem Ja oder Nein – „Ja, aber" – „Nein, aber" – ließe am klaren Standpunkt des Politikers zweifeln. Also funkelt man den Gesprächspartner an mit schwarzem Feuerblick, wirft ihm erprobte Worthülsen und Satzfloskeln an den Kopf, um dann – nach Ende der Sendung – voll Sympathie und Freude an der offenen Aussprache aufeinander zuzugehen. Da ist man dann als Nicht-Politiker überrascht, wie freimütig die eben noch scheinbar Unversöhnlichen Irrtümer einräumen und Zweifel zugeben, wie differenziert sie sich äußern und wie schnell sie sich manchmal verständigen können. Aber für die Sendung wäre das katastrophal. Die ganze Dramatik bliebe auf der Strecke!

Was Wunder also, dass sich Politiker, wie übrigens Vertreter anderer Berufsgruppen auch, bei öffentlichen Aussagen, wenn sie eine breite Mehrheit erreichen wollen, auf floskelhaft stereotype Äußerungen beschränken. Überhaupt, was ist das für ein erhellender Begriff: „sich äußern!" Wer wirklich etwas erfahren will über die wahren Beweggründe von Menschen, wer wissen möchte, was sie verschweigen, wann sie versuchen, die Wahrheit zu umgehen oder zu vertuschen, darf sich eben nicht mit „Äußerungen" abspeisen lassen. Das Wort verrät es ja: Sätze, die nur für außen bestimmt sind. Wer mehr wissen, wer ins Innere vordringen möchte, muss sich die Zeit nehmen, Reden zu lesen, Artikel, oder auch die erschöpften Gesichter nach langen Nachtsitzungen und quälenden Kabinettrunden zu studieren.

Wenn dann mal einer aus der politischen Kaste die Nerven verliert, auf gute Manieren pfeift, auf die üblichen Floskeln verzichtet und etwa einem Parteifreund versichert, er könne dessen „Fresse" nicht mehr sehen, wenn da Straßenjargon durchschimmert, ist die Öffentlichkeit regelrecht geschockt. Unmöglich! Unvorstellbar! Beim Zuhörer löste der Satz nur kopfschüttelnde Ablehnung aus. Die Spielregeln wurden missachtet. Lange vorbei die Zeiten, als Herbert Wehner, von einem Fernsehjournalisten gefragt, ob er denn etwas zur geplanten Rentenreform sagen könne, in die Kamera bellte: „Ich könnte schon, aber ich will nicht!"

Was wir uns wünschen von unseren Politikern, ist natürlich Anstand, manchmal vielleicht auch so etwas wie die Spontaneität eines Herbert Wehner, vor allem aber Aufgeschlossenheit des Geistes und – ja – auch des Herzens, ein waches, immer lebendiges Umfassen- und Begreifenwollen der Welt, auf die sie klar, leidenschaftlich nüchtern und gestaltungsfreudig zu schauen vermögen.

Auf uns Zeitungsleser, Fernseh- und Internetkonsumenten schwemmt eine unvorstellbare Menge von Informationen zu. Ich weiß nicht, ob mal jemand untersucht hat, wie viele Informationen ein Mensch überhaupt zu verdauen imstande ist, wie oft Informationen nicht zur Klärung des eigenen Standpunkts, sondern nur zur Bestätigung der bereits gefassten Vorurteile dienen. Seien wir unseren Politikern also für ihre stereotypen Aussagen, für nichtssagende Phrasen dankbar.

Alles andere würde uns womöglich überfordern.

Harald Schmidt

„Ach, wissen Sie …"

Pause. – Rauch. – Dummes Zeuch. Dieser Dreiklang dürfte derzeit die erfolgreichste Äußerung sein, die ein Politiker von sich geben kann. Selbstverständlich stammt sie von Helmut Schmidt, dem geradezu religiös verehrten Elder Statesman der Deutschen. Helmut Schmidt redet das, was sich die Menschen am meisten wünschen: „Klartext". Fairerweise muss ergänzt werden, dass Klartext nur von Politikern gewünscht wird, die sich nicht mehr um ein Amt bewerben. Dann meint das Wahlvolk jene kristallene Klarheit zu vernehmen, die es bei den Aktiven so schmerzlich vermisst. Mit Ausnahme vielleicht von Peer Steinbrück.

Nicht ganz in den sprachlichen Klarheitshöhen von Helmut Schmidt, aber immerhin im letzten Biwak unter dem rhetorischen Gipfel, befindet sich Heiner Geißler. Heiner „der Schlichter". Als solcher schwebt er gleichermaßen. Nicht unbedingt über den Dingen. In jedem Fall aber über ödem Parteigezänke. Wie beim Altkanzler ist auch bei Geißler der Sound mindestens so wichtig wie der Inhalt. Ist es bei Schmidt eine an der Grenze zum Polarkreis angesiedelte hanseatische Kühle, vernehmen wir beim ehemaligen CDU-Generalsekretär ein schwäbisches Brummeln. Schmidt wirkt weltläufig, auch weil er hin und wieder „Henry" sagt, wenn er Kissinger meint. Geißlers Brummeln erweckt teilweise den Eindruck, als habe er Moses beim Entgegennehmen der Zehn Gebote assistiert. Dies wird unterstützt durch regelmäßiges Verwenden von Begriffen wie „Jesus", „Bibel" oder „alttestamentarisch". Dies klingt nach Rückbesinnung auf archaische Werte, die unseren modernen Gesellschaften leider, leider abhandengekommen sind. Hilfreich ist, dass sowohl Geißler als auch Schmidt früher „anders" waren. Schneidiger Offizierstyp der eine, knüppelharter Generalsekretär der andere. Dadurch wirken sie „authentisch", eine Währung so hart wie die D-Mark in ihren besten Zeiten.

Ähnliches gilt für Richard von Weizsäcker (historische Rede vom 8. Mai) und Roman Herzog (Ruckrede). Die Wirkung beider Reden im politischen Alltag dürfte eher überschaubar sein, ihre gelegentliche Erwähnung soll aber zeigen, was Worte angeblich bewirken können. Zumindest haben die Reden dazu geführt, dass alle nachfolgenden Bundespräsidenten bemüht waren, möglichst rasch Zitierfähiges

(geb. 1957) besonders vielseitig: TV-Moderator, Schauspieler, Kabarettist, Entertainer, Kolumnist (Focus) und Schriftsteller. Zahlreiche Auszeichnungen, u. a. Deutscher Fernsehpreis, Adolf-Grimme-Preis. Amüsanter und viel gefragter Redner.

Harald Schmidt

Einer, von dem sich das Wahlvolk „Klartext“ wünscht: Helmut Schmidt mit Sandra Maischberger in einer TV-Talkshow.

zu liefern. Christian Wulff schaffte immerhin Islam und Deutschland im selben Satz. Dann geriet er ins Visier zweier künftiger Henri-Nannen-Preisträger.

Und damit zu einer weiteren Schwierigkeit, der sich deutsche Politiker zum Entstehungszeitpunkt dieses Textes (Mai 2012) ausgesetzt sehen: der mediale Scheiterhaufen! Sicher, auch früher gab es unschöne Zwischenfälle, wenn einer allzu aufsässig Widerworte gab. Aber vom Hexenverdacht bis zur Verbrennung verging doch einige Zeit. Zumindest theoretisch konnte der Verdacht noch widerlegt werden. Im mittelalterlichen England etwa wurde man auf einen Stuhl gekettet und in einem Fluss versenkt. War man danach ertrunken – Hexenverdacht bestätigt. Hatte man überlebt – das konnte nur ein Pakt mit dem Teufel sein! Aufhängen! Heute glüht der mediale Scheiterhaufen 24 Stunden am Tag, 365 Tage im Jahr.

Freunden der gepflegten Ironie dürfte es gefallen, dass es vor allem die „sozialen Netzwerke“ sind, die bereits das Luftholen zum falschen Halbsatz als nahes Karriereende feiern. Als Beispiel sei hier der gute, alte Nazivergleich angeführt. Einverstanden, in letzter Zeit etwas aus der Mode gekommen. Früher war mehr Nazivergleich. Herta Däubler-Gmelin (Bush – Hitler) oder – so lange schon im Geschäft – Heiner Geißler, der sowohl als Vergleichsopfer wie auch -täter Schlagzeilen machte. Einerseits nannte ihn Willy Brandt den schlimmsten Hetzer seit Goebbels (die Digital Natives mögen verzeihen, dass ihnen die hier Genannten nix mehr sagen), andererseits brachte Geißler Ausschwitz und den Pazifismus der 30er-Jahre in einen Zusammenhang, der ihn über Jahre heftiger verfolgte als ein Zimmermädchen Dominique Strauss-Kahn. Zumindest im deutschen Kabarett.

Nun sind die Nazivergleiche wie erwähnt aus der Mode. Einerseits sind die meisten Nazis tot, andererseits wurde irgendwie alles schon verglichen. Vor allem das angeblich Unvergleichliche. Selbst der Führer schafft es gefühlt nur noch alle drei Monate aufs „Spiegel"-Titelbild. Umso überraschter war man, als kürzlich ein Piratenchef mitteilte, seine Partei wachse schneller als die NSDAP in ihren Anfangszeiten. Natürlich hat im Twitter-Zeitalter niemand mehr die Zeit zu

Harald Schmidt ist selbst Meister der Satire und wurde schon 1998 mit dem Medienpreis für Sprachkultur ausgezeichnet, hier mit Matthias Richling beim „Satire Gipfel" in Berlin.

überprüfen, ob die Behauptung vielleicht faktisch richtig ist. Sofort ein Aufschrei, der Ärmste strich die Segel. Wobei er zumindest eine zweite Chance verdient gehabt hätte. Denn der Naziselbstvergleich eines Parteihierarchen stellt durchaus ein Novum dar.

Wer genau hinhört, muss zugeben, dass nicht wenige Politiker durchaus virtuos mit der Sprache umgehen. Ein wunderbares Testfeld sind die Interviews, die täglich gegen 7.20 Uhr im Deutschlandfunk geführt werden. Hierbei lassen sich zwei Hauptgruppen von Politikern bemessen: einerseits die Meister, die in eigener Sache reden. Einsam hier an der Spitze: Finanzminister Wolfgang Schäuble. Und zum anderen die sogenannten Schlammschipper, die raus müssen, wenn der Dreck den Chef nicht treffen darf. Spitzenmann in diesem Genre war bis vor Kurzem Peter Altmaier, noch in seiner Funktion als Parlamentarischer Geschäftsführer der CDU-Bundestagsfraktion. Mittlerweile ist er Bundesumweltminister. Das liegt daran, dass Norbert Röttgen die Worte „Currywurst", „Kümmern" und „Mitmenschlichkeit" auf seinem Sprachchip nicht rechtzeitig abrufen konnte. Besonders heikle Fragen beantwortet Wolfgang Schäuble mit einem einleitenden „Ach Gott …" oder auch „Ach, wissen Sie …". Diese Sätze sind mehr badisch geseufzt als gesprochen. Zum einen gewinnt Schäuble mit diesem Intro Zeit, zum anderen lässt er die Antwort humaner erscheinen. Er billigt dem Fragenden dessen Schärfe zu, lässt aber bei der Antwort doch den Eindruck entstehen, dass er um die eigenen begrenzten Möglichkeiten weiß. Ein Hauch von Sokrates kurz vor halb acht morgens in Deutschland. Anders der Phänotyp Altmaier. Er musste ran, wenn es am Vorabend richtig dicke kam. Wahldesaster, Koalitionsbrüche, Staatspleiten. Technik hier: kurzes Eingeständnis der Enttäuschung, aber dann Blick nach vorn. Unerschütterlich, verbindlich, gestählt. Wie früher Katsche für den Kaiser.

Wer sich beklagt, dass Politiker in Formeln und Abschweifungen flüchten, hat die Politik nicht begriffen. Wer gewählt werden will, dessen Rede sei keinesfalls ja – ja, nein – nein, sondern „ich sach ma …". Fakten sind was für Streber. It´s the Currywurst, stupid!

Frank Elstner

Schaut dem Volk aufs Maul!

Das „Bündner Naturmuseum" in der Schweizer Stadt Chur hat einen besonderen Anziehungspunkt, nämlich „JJ3", den Bruder des legendären „JJ1". JJ3 wurde am 14. April 2008 im Raum Mittelbünden von der „Schweizer Wildhut" erlegt. Zuvor scheiterte die vorgesehene Taktik der Schweizer für den Fall, dass wilde Bären in ihr Land kommen (und das manche Eidgenossen gerne auch in Bezug auf deutsche Zuwanderer anwenden würden): unverzüglich „Vergrämungsmaßnahmen" anzuwenden.

Da sich JJ3 aber nicht vergrämen ließ, erlitt er das gleiche Schicksal wie sein Bruder. Der nämlich war 2006 mehrfach über die italienisch-österreichisch-deutsche Grenze gebrummelt, ohne Heimtierausweis oder ärztliche Zeugnisse. Schnell war der Bär berühmt, mutierte dann aber von einer Sensation zu einer Belastung für den damaligen bayerischen Ministerpräsidenten Edmund Stoiber. Der wusste schlichtweg nicht, was er mit dem illegalen Einwanderer machen sollte, der den harmlosen Namen „Bruno" bekommen hatte. So fragte er die Experten. Der Bär muss weg, so lautete die fachkundige Meinung des bayerischen Umweltministeriums, und diese hatte nun Edmund Stoiber in einer legendären Pressekonferenz Ende Mai 2006 zu vertreten.

(geb. 1942) vielseitiger TV-Journalist, Urheber und erster Moderator von „Wetten, dass ...?"(1981)! Karriere begonnen mit 21 bei Radio Luxemburg, wo er es bis zum stellvertretenden Programmdirektor brachte. 1987 erbat und erhielt er von Graf Nayhauß einen Beitrag für seine Kolumne in der „Glücksrevue". Daran jetzt erinnert, revanchiert er sich mit diesem Kapitel.

Frank Elstner

Allerdings brachten viele potenzielle CSU-Wähler eine große Sympathie für den italienischen Auswanderer auf und deswegen konnte Stoiber schlecht sagen: „Den Bären abknallen und basta." Nein, er brauchte eine zwingende – am besten wissenschaftliche – Begründung für die geplante Hinrichtung und dozierte über den Unterschied zwischen einem Schad- und einem Problembären (wobei er den ersteren als den „normalen" Bären bezeichnete). Zu begründen, warum ein Tier, dessen Gefährlichkeit nicht erwiesen ist und das sich zwar bereitwillig Touristenkameras stellt, aber für eine Horde ausgebildeter finnischer Bärenfänger anscheinend unsichtbar bleibt, sofort erschossen werden muss, ist die hohe Schule der Politik. Und geht nur mit Kauderwelsch:

„Nun haben wir ... äh, der normalverhaltende Bär lebt im Wald, geht niemals raus auch, äh, ... und reißt vielleicht ein bis zwei Schafe im Jahr. Äh, wir haben dann einen Unterschied zwischen dem normal sich verhaltenden Bär, dem Schadbär und dem ... äh ... Problembär. Und, äh, es ist ganz klar, dass, äh, dieser Bär ein Problembär ist und ... äh, es ist im Übrigen auch, äh ... im Grund genommen, äh ... durchaus, äh, ein gewisses Glück gewesen, äh – auch der hat um ein Uhr nachts ... äh, praktisch, äh ... diese Hühner gerissen ...“ – usw.

Nicht nur bei dieser Pressekonferenz ist Stoiber im Übrigen etwas gelungen, was nicht allen Politikern vergönnt ist, nämlich sein Kauderwelsch fast ausschließlich aus Begriffen der deutschen Sprache zu generieren. Das ist die Königsdisziplin der sinnversteckenden Rede, für die das Kauderwelsch ja eigentlich angewendet wird und die Stoiber bereits am 21. Januar 2002 in seiner unvergesslichen Ansprache zum Transrapid in München eindrücklich vorgeführt hat.

Stoiber und der Bär – hier zeigt sich, wann Politiker kauderwelschen: dann nämlich, wenn sie unbequeme Wahrheiten verklausuliert ins Volk werfen müssen; wenn sie etwas verkünden, was sie selbst nicht verstanden haben. Oder wenn sie eine Meinung vertreten müssen, die nicht der eigenen entspricht, aber aus Gründen der Partei- oder Staatsräson opportun ist oder wahlkampftaktischen Gründen geschuldet.

Kauderwelsch ist für Politiker eine Fremdsprache, die sie erlernen und mehr oder weniger gut beherrschen. Eine Sprache, die beim Volk allerdings nicht besonders gut ankommt. Was automatisch zu der Frage führt: Warum machen sie es trotzdem? Ganz einfach: weil die Klarheit auch nichts bringt. Politiker, die sich auf die Fahne geschrieben haben oder hatten, Klartext zu reden, sind im Ergebnis nicht beliebter als die Schwadronierer. Weder Herbert Wehner noch Franz Josef Strauß. Dessen Nachfolger Stoiber hat trotz seiner mangelnden rhetorischen Fähigkeiten die CSU erfolgreicher geführt und bessere Wahlergebnisse eingefahren als der charismatische große Vorsitzende FJS, der in seinen Memoiren behauptet hat: „Ich bin der geborene Anti-Rhetor!“

Mit seinem „Problembären“ hat es Stoiber allerdings nur auf Platz sieben bei der Wahl zum „Wort des Jahres“ 2006 gebracht. Andere Wortkreationen – meist ein sicheres Indiz für Kauderwelsch – wie „Bezahlstudium“, „Prekariat“ und „Rechtschreibfrieden“ lagen auf den vorderen Plätzen, gewonnen hat übrigens die „Fanmeile“.

Wenn Politiker in Unterhaltungssendungen sind oder in Talkshows, ist es meist so, dass mit den letzten Worten des Abspanns auch einige Klarsprach-Hemmungen verschwinden. Kaum hat der Toningenieur das Funkmikro abgekabelt und die Gästebetreuerin ein frisches Pils gezapft, können Politiker plötzlich Klartext reden. Zuvor noch schnell der Hinweis in die gespannte Runde, dass das jetzt alles „privat“ sei. Und es wird fast immer akzeptiert, dass nun „off records“ aus dem Nähkästchen geplaudert wird. In solchen Momenten können Politiker Politik deutlich, nachvollziehbar und spannend erklären. Sie breiten Hintergrundwissen aus und beschreiben die Zwänge, die sie daran hindern, Klartext zu reden. (Nur ausländische Kollegen, die das miterleben, wundern sich meist über diese Art der Informationspolitik, denn das kennen sie nicht – dass ein Politiker zwei oft völlig unterschiedliche Meinungen gleichzeitig haben kann ...)

In reinen Unterhaltungsshows haben es die Politiker sowieso schwer. Zum einen wird in dieser Umgebung ihr Kauderwelsch schneller entlarvt und fällt sehr viel unangenehmer auf als versteckt in einem politischen Statement in einer Nachrichtensendung. Zusätzlich kann es auch noch passieren, dass der Showmaster kein Wort von dem versteht, was da eben angeblich Staatstragendes geäußert wurde – und eine peinliche Pause entsteht.

Zugegebenermaßen ist heute die Gefahr aber eher gering, dass sich Politiker in einer TV-Show um Kopf und Kragen reden, schon allein deswegen, weil sie selten eingeladen werden. Und das hat nun nichts mit Politikverdrossenheit zu tun, sondern einfach mit der Tatsache, dass nur wenige Politiker geborene Unterhaltungstalente sind – wie zum Beispiel Ex-Arbeitsminister Norbert Blüm oder der begnadete Autor Manfred Rommel, Ex-Oberbürgermeister von Stuttgart. Der schafft es sogar, eine klare Position zu Stuttgart21 zu beziehen, ohne im entferntesten Gefahr zu laufen zu kauderwelschen. Er meint einfach: „Wenn wir den Bahnhof nicht bauen, bekommen die anderen Bundesländer die bewilligten Gelder." Für einen Schwaben gibt es kaum ein besseres Argument ...

Aber im Ernst: Weil sie ihre Fachsprache, das Kauderwelsch, nicht anbringen können, wirken Politiker in Shows oft etwas deplatziert. Auch weil sie verständlicherweise Angst haben, sich zu blamieren. Vor allem bei Quizsendungen ist diese Gefahr nicht gänzlich auszuschließen. Nur wenige Volksvertreter haben den Mut, ihr Wissen vor Millionen Zuschauern auf den Prüfstand zu legen – wie Kristina Schröder, die 2011 bei Kai Pflaumes Starquiz mitmachte und ausgerechnet bei einer hinterlistigen Politikfrage ins Straucheln kam – nachdem sie zuvor wusste, dass die Raupe Nimmersatt keinen Kürbis frisst – dargelegt in klaren Worten und ohne Kauderwelsch! Die Frage: „Worauf haben die US-Senatoren seit den 60er-Jahren traditionell Zugriff? Fernsehen, Süßigkeiten, Kissen oder Limonade?" katapultierte sie und ihren Partner Herbert Feuerstein allerdings auf 10 000 zurück, weil die Antwort Süßigkeiten gewesen war und nicht Limonade oder Kissen, wie das Rateteam vermutete.

Auch ganz ohne Kauderwelsch, dafür mit einer etwas peinlichen Überprüfung der Farbechtheit seines Haupthaars endete einer von zwei Besuchen von Ex-Bundeskanzler Gerhard Schröder bei „Wetten, dass ...?". Eine gute Figur – nicht nur wegen ihres knappen Cocktail-Kleides – machte dagegen in einer späteren Ausgabe Ursula von der Leyen, die selbst den anwesenden

Ausnahmsweise ein gelungener Ausflug eines Politikers ins Showbusiness: Moderator Thomas Gottschalk unterhält sich 2008 in der Show „Wetten, dass ...?" mit der Bundesministerin Ursula von der Leyen.

Weltstars die Show stahl. Endlich mal ein konkretes Ziel direkt vor Augen, sprach sie Klartext: Sie wolle nicht über Familienhilfe reden, sondern einfach nur neben Hugh Jackman sitzen, einem der attraktivsten Männer der Welt. Gesagt, getan.

Wenn andere Politiker versuchen, endlich mal Klartext zu reden, um vielleicht sogar jüngeres Publikum anzusprechen, kann das leicht schiefgehen. Das musste Guido Westerwelle leidvoll erfahren, als er 2000 in den Big-Brother-Container einzog. Sonst als engagierter Rhetoriker bekannt, versagte er hier, wo er statt Kauderwelsch das, was er für Jugendsprache hielt, anwenden wollte. Weder die wenig überraschende Nachricht „Die Welt steht noch, kann ich euch mitteilen" noch die nach wie vor aktuelle Erkenntnis „Die Spritpreise stehen beschissen" brachten ihm Pluspunkte ein. Allerdings ist er auch ein Meister im Kauderwelschen, so forderte er zum Beispiel bei der Münchner Sicherheitskonferenz am 4. Februar 2012: „Die mentalen Restbestände des 20. Jahrhunderts müssen wir überwinden."

Die Ausflüge von Politikern in die Welt der Shows und Quizsendungen sind, wie gesagt, selten. Vor allem Live-Sendungen bergen große Gefahren, denen sich die meisten Politiker nicht gerne aussetzen. Und wenn es welche trotzdem in eine solche Show drängt, haben sie oft ausgezeichnete Berater, die sie mehr oder weniger gewaltfrei zurückhalten können. Die Angst der Berater ist verständlich – im Gegensatz zum Gerede im schnelllebigen und selten nachhaltigen Showbusiness sollten politische Äußerungen wohldurchdacht sein. Und dieses Durchdenken braucht nun mal Zeit. Diese Zeit bieten Fernsehshows allerdings nur selten und deshalb ist die Gefahr groß, dass eine unausgegorene Erkenntnis in die Medien(welt) hinaustrompetet wird. Verstärkt wird die Gefahr einer zu frühen, schnellen, unüberlegten Äußerung durch eine zweite Eigenschaft der meisten Politiker – einem ständigen Hang zur Selbstüberschätzung. Nur so lässt sich erklären, warum Politiker oft zu schwadronieren beginnen, sobald sie aus dem Auto steigen und ein Mikrofon vor die Nase gehalten bekommen. Auf die aktuelle Frage, was er zur momentanen Regierungskrise in Italien, den Menschenrechtsverstoß in Tibet, den neuesten Piratenüberfällen am Horn von Afrika oder über eine überraschende Äußerung des politischen Gegners hält (von der er bislang nichts erfahren hat – was er aber nicht zugeben darf), muss der arme Volksvertreter seinen Vortrag beginnen: Natürlich

Der damalige FDP-Generalsekretär Guido Westerwelle 2000 im „Big Brother"-Haus – ein TV-Ausflug, der zeigte, wie leicht auch die gewollte Anwendung von Jugendsprache schiefgehen kann.

sei es jetzt wichtig, „die Situation eingehend zu untersuchen und gemeinsam mit den Experten zu analysieren, um dann nach einem zeitnahen, aber nicht übereilten Urteil die nötigen Konsequenzen ..." – der Rest des Satzes ist nachzulesen bei nahezu jedem Statement einer unterlegenden Partei einer Bundes- oder Landtagswahl.

Die Journalisten erwarten, dass der Politiker etwas sagt, und der Politiker kann die Fragen der Journalisten nicht einfach im Raum stehen lassen. Also werden Medien aller Art täglich mit neuem Kauderwelschvokabular gefüttert. Das ist das Schicksal der Politiker. Ein Leben lang. Oder sagen wir, fast ein Leben lang. Denn nach Ende ihrer aktiven Zeit, wenn sie ihre Memoiren schreiben oder bei Jubiläen aus dem heimischen Wohnzimmer gezerrt werden, da können sie es plötzlich: reines, verständliches Deutsch. Da klären sie auf, stellen richtig, rücken gerade. Da wird Tacheles geredet. Lustige Anekdoten beschrieben und Witze erzählt. Im aktiven politischen Leben gibt es diese Klarheit von Politikern sonst meist nur bei einer einzigen Gelegenheit: wenn sie über den politischen Gegner herziehen. Da hat das Kauderwelsch einen schweren Stand, wird verdrängt vom deftigen Wortschatz, von ausgefeilten Spitzen und intelligenten Angriffen, die jeder Zuhörer, gleich welcher sozialen Schicht er angehört, sofort versteht.

Auch Edmund Stoiber ist seit seinem erzwungen Abgang als bayerischer Ministerpräsident rhetorisch deutlich besser geworden – weil er nun offen sagen kann, was er denkt. Und sein Problembär JJ1 kann sich unbehelligt in München aufhalten, ausgestopft ist Bruno im Museum „Mensch und Natur" zu sehen. Sein Bruder, Problembär JJ3, der in der Schweiz sein Leben ließ, nachdem er dort vom Problem- auch noch zum Risikobär upgegradet worden war, lässt sich, wie eingangs erwähnt, in Chur besichtigen. Chur ist übrigens die älteste Stadt der Schweiz, seit 5000 Jahren besiedelt. Sie liegt an bedeutenden Handelswegen und war deswegen schon immer den unterschiedlichsten Einflüssen ausgesetzt. Die Einwohner sprachen die „welsche" Sprache, eine Sprache, die allerdings sonst kaum jemand verstand. Aus dieser welschen Sprache der Einwohner von Chur wurde das „Churwelschen" und daraus leitet sich der Begriff „Kauderwelsch" ab. Das zumindest behauptete Martin Luther – und der wollte uns damit sicher keinen Bären aufbinden.

Luther wiederum hat den ultimativen Tipp für alle, die von Berufswegen verständlich reden wollen: Schaut dem Volk aufs Maul!

Mainhardt Graf von Nayhauß

Von Schnittmengen, Denglisch und Wichtigtuern

Eine meiner Lieblingskarikaturen zeigt einen Politiker am Rednerpult. In der dazugehörigen Sprechblase steht: „BLA-BLA-BLA-BLA“. Später fragt ein anderer Politiker den Redner:
„Was haben Sie neulich in Ihrer Rede zur Steuerreform gesagt?“
„Nichts.“
„Das weiß ich. Ich meine, wie haben Sie es formuliert?“

Das Kauderwelsch der Politiker – ein echtes Ärgernis. So faseln sie von „Schnittmengen“, wenn sie Gemeinsamkeiten meinen! Die Justizministerin und stellvertretende FDP-Parteivorsitzende Sabine Leutheusser-Schnarrenberger zu möglichen Regierungsbündnissen: „Wenn sich Schnittmengen ergeben sollten, dann muss sich die SPD auch wieder stärker ihrer liberalen Wurzeln in der Gesellschaftspolitik besinnen.“

(geb.1926) 1943-45 Kriegseinsatz. Ohne Studium Journalist geworden. Nach Volontariat (Nachrichten für Außenhandel) in 62 Jahren für zwei Dutzend Redaktionen gearbeitet – Print, Fernsehen, Rundfunk, Online. Bei BILD über 5.500 Kolumnen geschrieben. 9 Bücher verfasst. Seit Nov. 2011 Herausgeber Edition Lingen Stiftung.

M. Graf v. Nayhauß

Der SPD-Landes- und Fraktionsvorsitzende in Schleswig-Holstein, Ralf Stegner, während der Koalitionsverhandlungen zwischen Sozialdemokraten, Grünen und Südschleswiger Wählerverband: „Es hat sich gezeigt, dass die drei Parteien sehr, sehr viele Schnittmengen haben.“ Selbst die Kanzlerin verfällt dieser Unsitte. Sie strebe 2013 im Bund erneut ein Bündnis mit den Liberalen an, „weil es zwischen beiden Parteien die größten Schnittmengen gibt“. Wenn sie sich mal nicht verschnippelt.

Dass ihre Partei theoretisch für alle Bündnisse offen sein müsse, formuliert Leutheusser-Schnarrenberger so: „Ich habe noch nie etwas von Ausschließeritis gehalten.“ Warum nicht: Wir sind bereit, mit jedermann zu verhandeln?

Als ihr Parteifreund Christian Lindner aus heiterem Himmel das Amt des Generalsekretärs schmiss, begründete er das hochtrabend: „Es gibt Momente, in denen man seinen Platz freimachen muss. Meine Erkenntnis hat zur Konsequenz, dass ich mein Amt niederlegen muss.“ Klassischer Fall von Vertuschung. In Wirklichkeit ging er, weil ihm die Politik seines Vorsitzenden, Philipp Rösler, stank.

Politiker reden geschwollen, was beim Volk den Eindruck hoher Bildung erwecken soll. Westerwelle über die vorangegangenen Gespräche zur Nominierung Joachim Gaucks als Bundespräsident: „Es hat einen Erörterungsprozess über eine größere

Belauscht

Politiker A:
„Was haben Sie neulich in Ihrer Rede zur Steuerreform gesagt?“

Politiker B:
„Nichts.“

Politiker A:
„Das weiß ich. Ich meine, wie haben Sie es formuliert?

Kandidatenlage gegeben.“ Warum nicht schlicht: Wir sprachen über mehrere Anwärter?

Franz Josef Jung, noch als Verteidigungsminister, auf einer Kommandeurstagung: „Jeder von uns ist in die Verantwortung gestellt.“ Kann man Verantwortung liegend oder sitzend ausüben? Warum nicht: Jeder von uns trägt Verantwortung?

Für den alten Haudegen der Sozialdemokraten, Franz Müntefering, ist eine politische Niederlage, zum Beispiel 2008 der Verlust der Macht in Hessen, „grenzwertig“. Oder er spricht von einer „Ambivalenz“ zwischen gesundheitspolitischen Zielvorstellungen und Steuereinnahmen. Verworrener geht's kaum.

Ein besonders abgedroschenes Wort im Politikersprech ist „fahren“. Die Konjunktur „fährt“ mal nach unten, mal nach oben, der Haushalt in die Pleite. Da werden Programme gefahren, die schulische Ausbildung an die Wand. Bei Müntefering ist es eine Fahrt entlang von Ufern: „Deutschland muss wissen, dass wir nicht automatisch an der richtigen Krümmung des Flusses liegen, sondern dass wir uns anstrengen müssen, um vorne zu bleiben.“

Bereits der amerikanische Schriftsteller Mark Twain befand: „Der Unterschied zwischen dem richtigen Wort und dem beinah richtigen ist der gleiche wie zwischen einem Blitz und einem Glühwürmchen.“

Der nicht unsympathische Spitzenpolitiker der Linken Dietmar Bartsch, allerdings kein Freund klarer Aussagen, im Juni 2012 in seiner erfolglosen Bewerbungsrede für den Parteivorsitz: „Wir müssen raus aus den strömungspolitischen Gräben." Warum nicht schlicht: Wir müssen aufhören, uns zu bekriegen?

Bayerns Ministerpräsident und CSU-Chef Horst Seehofer zu der Frage, ob man angesichts zunehmender Gewalt in der Öffentlichkeit härtere Strafen einführen solle: „Ich will alle Möglichkeiten prüfen, die präventiv und repressiv zur Verfügung stehen." Möge er einmal die Frauen am Münchner Viktualienmarkt – seine möglichen Wählerinnen – fragen, was „präventiv" und „repressiv" bedeuten! Nämlich vorbeugen und per Strafe unterbinden. Böhmische Dörfer für Marktverkäuferinnen.

Sonstige Stilblüten: Philipp Rösler verkündet nicht Botschaften, nein, er „setzt" sie. Die „Menschen vor Ort" soll man „mit einbinden" – zum Beispiel beim Bau neuer Stromleitungen über Land. Sein Kollege, der Umweltminister Peter Altmaier, spricht davon, die erneuerbaren Energien „vollumfänglich" zu nutzen. Umfänglich allein reicht nicht.

Zum sträflichen Kauderwelsch trägt ebenso die zunehmende Übernahme englischer Vokabeln in deutsche Texte bei – Anglizismen. Hans-Dietrich Genscher nimmt sich speziell dieser Unart mit einem eigenen Kapitel in diesem Buch an. Zugegeben, mancher Begriff klingt im Angelsächsischen pfiffiger als im Deutschen. „Sex in the City" kommt besser an als „Geschlechtsverkehr in Bitterfeld".

Wie der Herr, so's Gescherr. Der stellvertretende Sprecher des Verteidigungsministers, Kapitän zur See Christian Dienst, kann keine genaue Auskunft geben über die Zahl frühzeitig ausgeschiedener Bundeswehr-Freiwilligen. Es gebe noch keine „belastbaren" Zahlen. „Zuverlässige" Zahlen reichen nicht. Er steht ohnehin mit der deutschen Sprache auf Kriegsfuß: „Es ist wirklich so, dass wir keine Planung haben, die mit einer Rekonfiguration der ORF oder einer Aufstockung – oder was auch immer da in den Medien hochgeworfen ist – in Zusammenhang zu bringen wäre." „Hochgeworfen" statt gemeldet!

Wenn Merkels einstiger außenpolitischer Berater im Kanzleramt, inzwischen Generalsekretär des EU-Ministerates in Brüssel, Uwe Corsepius, mitreisende Journalisten über das Gipfeltreffen der acht Staats- bzw. Regierungschefs im französischen Deauville offiziell unterrichtete, geschah das in Fachchinesisch: „... wesentlicher Impetus" „,refokussieren können", „kein Pledging geben", „das traditionelle Outreach ...".

Westerwelles Sprecher im Auswärtigen Amt, Andreas Peschke, in einer Regierungspressekonferenz zum Thema Terrorismusbekämpfung: „Wenn Sie auf sonstige andere Sachverhalte rekurrieren, muss man sich in jedem

„Amtskollegen" – Bundeskanzlerin Angela Merkel und der britische Premierminister David Cameron im Juni 2012 in Los Cabos, Mexiko, zu Beginn der ersten Arbeitssitzung der G20. Die Staats- und Regierungschefs der G20 hatten sich dort zu ihrem zweitägigen Gipfel zusammengefunden.

einzelnen Fall die genauen Umstände ansehen." Mit dem lateinisch „rekurrieren" meint er „Bezug nehmen". Nur, er sagt es so nicht.

Nicht totzukriegen ist der „Amtskollege". Wenn Merkel einen ausländischen Regierungschef trifft, ist es immer der „Amtskollege". Nur, in welchem Amt sitzen sie denn zusammen? Im Kanzleramt an der Spree oder – zum Beispiel – in Downing Street No.10? Aber selbst die Medien plappern den „Amtskollegen" nach, kämen aber nicht auf die Idee, wenn BILD-Chefredakteur Kai Diekmann auf einer Berliner Fete auf „Bunte"-Chefredakteurin Patricia Riekel trifft, von seiner Redaktionskollegin zu sprechen!

Überhaupt, die Medien sind nicht frei von Kauderwelsch. Wenn DuMont-Vorstand Franz Sommerfeld bei der „Berliner Zeitung" der verdatterten Redaktion einen Chefredaktionswechsel und eine Änderung der Redaktionspolitik verkündet („Mit neuen Ideen in den Markt gehen"), heißt das: „Wir müssen unser Vorgehen immer wieder neu ausjustieren." Warum sagt er nicht: Auf die richtigen, gut recherchierten, interessant geschriebenen Themen kommt es an! Das steigert die Auflage.

Bei den Medien wimmelt es außerdem von Anglizismen. Bei Hubert Burda („Bunte"/„Focus") gibt es eine „Burda Creative Group", „Content Marketing" und „Social Medien-Präsenz". Bei Axel Springer werden Rechnungen nicht mehr von der Buchhaltung, sondern vom „medien accounting service" abgewickelt. Nicht, dass mir die englische Sprache fremd wäre. Nach Kriegsende war ich zwei Jahre Dolmetscher bei der US-Army in Berlin! Aber ich bin der Meinung, die Benutzung englischer Bezeichnungen, besonders in der Arbeitswelt (Chief Executive Officer!) geschieht aus Wichtigtuerei und purer Angabe.

FAZ-Leser brauchen bisweilen das Kleine Latinum, um zu wissen, was in einem Kommentar ihrer Zeitung „numinose Plätze auf der Welt" bedeutet; nämlich das Göttliche als das Unbegreifliche. In einem anderen Beitrag der „Frankfurter Allgemeine Zeitung" heißt es: „Selten tritt die Nord-Süd-Dichotomie der EU so klar zutage wie …" Würden die Kollegen schreiben von der Teilung oder Spaltung der EU, bräuchte man nicht zum Fremdwörter-Duden zu greifen.

Ganz zu schweigen vom Computer-Kauderwelsch! Da blendet das ZDF ins laufende Programm ein „Hashtag

#berlindirekt" ein – gemeint eine Markierung. Der Sender arbeite daran, ein „neues interaktives Element zu launchen", berichtet der Nachrichtendienst „Meedia". Merke: Nicht jeder ist ein Computerfreak und kennt sich mit allen Begriffen aus. Bin ich zu alt, mit der Zeit zu gehen? Mitnichten. Ich war der erste Journalist, der einst in Bonn einen Computer besaß, Kostenpunkt 20.000 D-Mark. Und das Internet hieß noch GeoNet!

Richtig weh tut „Denglisch". Fragt die „Bild am Sonntag" in einem Bericht über die RTL-Show „Let's dance" und zwei Tänzer: „Dancen hier zwei Herzen?" Bereits 2008 forderte die CDU-Bundestagsabgeordnete Erika Steinbach ein Gesetz zum Schutz der deutschen Sprache. „30 Prozent der Deutschen sprechen gar kein Englisch." Getan hat sich bisher nichts. Steinbach: „Es war keine parlamentarische Mehrheit zu bekommen."

„Die Kauderwelsch-Könige" sind laut SPIEGEL ONLINE die Chefs großer Unternehmen. „Eine Studie zeigt: Die Ansprachen wimmeln von Phrasen und Fachbegriffen. Linde-Boss Reitzle könnte auch gleich aus einer Doktorarbeit vorlesen." Es folgt ein Linde-Zitat: „Unter Punkt acht der heutigen Tagesordnung legen wir Ihnen die Schaffung eines Bedingten Kapitals zur Ausgabe von Bezugsrechten an Mitglieder des Vorstands, an Mitglieder von Geschäftsleitungsorganen verbundener Unternehmen im In- und Ausland sowie an ausgewählte Führungskräfte unseres Konzerns im Rahmen eines so genannten Long Term Incentive Plans 2012 vor."

Nicht einen Deut besser sind Banker – oder wie sie EU-Kommissarin Viviane Reding in Anlehnung an das Wort Gangster „Bankster" nennt. Co-Vorstandschef Deutsche Bank Anshu Jain, gebürtiger Inder, in perfektestem Kauderwelsch über fällige Sparmaßnahmen, vorwiegend Stellenstreichungen, in der Bank: „Es wird eines fundamentalen Kulturwandels bedürfen, um ihr Ansehen als Eckpfeiler einer modernen Gesellschaft wiederherzustellen." Verschlungener könnte die Wortwahl kaum sein.

Sein Vorgänger, der legendäre Josef Ackermann, hatte noch gefordert: „Die Politiker sollten sich mehr der einfachen Sprache des Volkes bedienen." Wohlgemerkt, die Politiker! Nicht die Banker! Immerhin, mit einer klaren Ausdrucksweise ist allen gedient. Von mir gebeten, zum Thema „Kauderwelsch" einen Beitrag zu schreiben, sagte er zunächst zu. Kurz darauf kam die briefliche Absage: „Über Ihre Anfrage habe ich mich sehr gefreut. Umso mehr bedauere ich Ihnen mitzuteilen, dass ich von einem Beitrag zu Ihrem geplanten Buch auf Grund einer Vielzahl bereits bestehender Projekte und meines engen Terminplans absehen muss, obgleich das Konzept eine wirklich interessante Publikation verspricht."

Sitzen in Dax-Unternehmen die „Kauderwelsch-Könige", ergeht sich in der Frankfurter Allgemeinen Zeitung ein

Solch klare Worte gibt es weder in der Politik noch auf dem Finanzmarkt.

„Kauderwelsch-Prinzlein" namens Jürgen Kaube mit einem 150 Wörter(!) langen Satz über eine fiktive Debatte im Europaparlament:„Wenn irgendeine übermüdete, magenkranke Politikerin im Europaparlament vor einem gelangweilten Publikum und stumpfsinnigen Mitparlamentariern von ihrem erbarmungslosen Fraktionsvorsitzenden jahrelang ohne Unterbrechung zur Arbeit angetrieben würde, sich in Ausschüsse werfend, dort für ihre Sache kämpfend, abends Akten studierend und nachts sich weiterbildend, und wenn diese Fron, unter den ständigen Anwürfen der Öffentlichkeit in schlecht belüfteten Räumen, die aus Kostengründen in den billigen Vierteln der Stadt angemietet wurden, sich unausgesetzt in eine für sie ganz ungewisse Zukunft fortsetzte, belastet von der Sorge, es nicht gut gemacht zu haben, beobachtete von den Argusaugen derer, die nur auf ein unsachliches Wort, eine Phrase warten, um sich herabzustürzen und den Fehler zu zerpflücken, begleitet vom vorgehenden und anschwellenden Beifall des Volkes, dessen Hände eigentlich Dampfhämmer sind – vielleicht eilte dann ein junger Parlamentsbesucher durch alle Korridore und die lange Treppe hinab, stürzte in den Plenarsaal und riefe das,Halt!' durch die anschwellende Empörung der aufwachenden Abgeordneten…!"

Gemeint ist übrigens die wegen Plagiatsvorwürfen bei ihrer Doktorarbeit ins Schleudern geratene Europa-Abgeordnete Silvana Koch-Mehrin (FDP)!

Andererseits: In der Kürze liegt nicht immer die Würze! In einem Bericht zum G8-Gipfel in Evian legte die Afrika-Beauftragte des damaligen Bundeskanzlers Gerhard Schröder, Uschi Eid (Bündnis90/Die Grünen), einen Aktionsplan der Bundesregierung mit 40(!) Abkürzungen vor. Angefangen von „HIPC", gemeint Heavily Indebted Poor Countries, über „KIPTC" – Kofi Annan International Peacekeeping Training-Center, bis „WARDA" – West Africa Rice Development Association.

Merke: Abkürzungen in Massen sind Kauderwelsch als Buchstabensalat!

Amtssprache ist bisweilen ebenso verheerend. Kommt bei Obermanns Telekom eine angewählte Service-Verbindung nicht zustande, heißt es: „Dienst oder Dienstmerkmal nicht möglich."

„Dienstmerkmal"! – Wer sich diese verkorkste Wortkombination wohl ausgedacht hat?

Mein Freund und Kollege Claus Jacobi schrieb vor acht Jahren in seiner BILD-Kolumne: „Jede Zeit hat ihre Vokabeln. Im letzten Jahrhundert wurden aus Negern Schwarzafrikaner, aus Kriegsministern Verteidigungsminister, aus Putzfrauen Raumpflegerinnen. Zigeuner heißen Roma und Sinti, Schwule jetzt Homosexuelle, Lehrlinge Azubi. Greise gehen als Senioren durch, Ohrfeigen gelten als Folter. Die Political Correctness wacht über die neuen Begriffe."

Also, nicht nur Kauderwelsch, auch das noch.

Klaus Bresser

Worttäuscher haben die Rosstäuscher abgelöst

Edmund Stoibers Rede über die geplante Transrapid-Strecke zum Münchner Flughafen bleibt unvergessen. Kauderwelsch von feinster Sorte – unnachahmlich wirr, komisch, inzwischen Kult. Stoiber: „Wenn Sie vom Hauptbahnhof in München, dann starten Sie im Grunde genommen am Flughafen, am Hauptbahnhof in München starten Sie Ihren Flug … Sie steigen in den Hauptbahnhof ein … starten Sie praktisch hier am Hauptbahnhof in München …"

Was haben wir gelacht! Und zugleich bedauert, dass ein so spontaner und unfreiwilliger Ausbruch von Kauderwelsch nur selten vorkommt. Zumeist haben wir es mit Kauderwelsch von ganz anderer Art zu tun. Was uns nahezu täglich zusetzt, ist die Verbreitung von programmiertem Unsinn, der absichtsvolle, gut vorbereitete Versuch, mit Unklarheit die Leute zu verwirren. Dieses Kauderwelsch entwickelt sich stürmisch. Und nicht nur von Politikern.

(geb. 1936) Vollblutjournalist. Als Zwölfjähriger eine handgeschriebene Zeitung für Freunde und Verwandte herausgegeben. Mit 15 freier Mitarbeiter der „Aachener Volkszeitung". Später Chefreporter, Kolumnist Redaktionsleiter für diverse Redaktionen. 1977 Einstieg beim ZDF. Stationen: „heute journal", „Politbarometer", „Was nun …?" und mehr. 1988-2000 ZDF-Chefredakteur.

Klaus Bresser

Firmenchefs, Verbandspräsidenten, Bischöfe und Journalisten gibt es, die routiniert konfuses Zeug daherreden, um von Tatsachen abzulenken und nicht zur Sache zu kommen. Als führend auf diesem Gebiet müssen IT-Manager gelten. Ihr (oft englisches) Fachchinesisch ist unerreicht in seiner Unverständlichkeit. Wer zur Betriebsanleitung für seinen Fernseher, Computer oder die Heizung greift, bekommt Kauderwelsch sogar schriftlich. In den Kontoren der Wirtschaft wird eine Geheimsprache gepflegt, die bewusst die übrige Menschheit ausschließt. Ein Unternehmensberater zum Beispiel wird so zitiert: „Wenn der CEO keine Guidance gibt, ist die Equity Story hinüber. Dann muss ein Capex-Holiday das Ebit-Target sichern, möglichst mit ein bisschen Cream on top."

Nein, so reden sie nicht, die deutschen Politiker. „Denglisch" ist ihre Sprache nicht. „Jetzt wird in Europa deutsch gesprochen", verkündete CDU-Fraktionschef Volker Kauder. Ein Satz – politisch dämlich, sprachlich aber von schöner Klarheit. Das Problem der Politik mit der Sprache sitzt indessen tiefer. Politiker reden einfach sehr viel, wahrscheinlich zu viel. Sprache ist ihr wichtigstes Werkzeug. Sprache bedeutet für sie Macht. Unendlich viele Worte wenden sie auf, damit möglichst viele Bürger denken, fühlen und wählen wie sie. Schon aus Gründen

Unvergessenes Kauderwelsch – Edmund Stoibers Rede zur Transrapid-Strecke. Der ehemalige bayrische Ministerpräsident hält hier 2007 vor Beginn seiner letzten Kabinettssitzung ein Transrapid-Modell in den Händen.

der Existenzsicherung müssten Politiker ein Interesse daran haben, immer eindeutig verstanden zu werden. Dennoch drücken sie sich oft wolkig aus. Nicht einmal aus bösem Willen, sondern weil sie vieles in der Politik selbst nicht so ganz durchschauen. Zu kompliziert ist Hartz IV, zu komplex die Schuldenkrise, zu geheimnisvoll die Gesundheitsreform, als dass jeder Abgeordnete oder Regierungsbeamte immer genau sagen könnte, worum es eigentlich geht. Da äußern sie lieber etwas Unverständliches als etwas Falsches.

Der Bürger merkt die Unsicherheiten und muss sie ertragen. Richtig schwierig aber wird es für ihn, wenn Absicht ins Spiel kommt. Wenn die Politiker die Sprache nicht als Mittel der Verständigung, sondern ganz bewusst als Mittel der Verschleierung benutzen. Das Ziel ist, die politische Lage und sich selbst in günstiges Licht zu rücken. Das Kauderwelsch, das dabei herauskommen kann, wird zwar vom Publikum nicht gänzlich begriffen, aber zur Verschönerung der Politik kann es dennoch dienen. Mit emotionalen Apellen können Stimmungen erzeugt, Ecken und Kanten von Beschlüssen und Gesetzen abgeschliffen, Konflikte geglättet, Realität verniedlicht werden. Die sprachliche Verharmlosung beginnt ja schon bei den Bezeichnungen: Aus Armen werden „Benachteiligte", aus Arbeitslosen „Hartz-IV-Empfänger", aus Krüppeln „Behinderte", aus Schulversagern „bildungsferne Heranwachsende". Kosten werden nicht gesenkt, sondern „gedämpft", Mieter nicht mit rüden Methoden vor die Tür gesetzt, sondern „entmietet". Betriebe werden nicht stillgelegt, dichtgemacht, aufgelöst, vielmehr „abgewickelt", „abgebaut", „rationalisiert". Arbeiter und Angestellte, zuletzt die Schlecker-Frauen, werden nicht entlassen, nein, „freigesetzt" und dem Arbeitsmarkt zugeführt. Andere machen unterdessen Kurzarbeit oder Kurzarbeit Null. Und da wird nicht kurz-, sondern gar nicht gearbeitet.

„Abgewickelt" und die Arbeitnehmer „freigesetzt" – der sprachlichen Verharmlosung bietet im März 2012 eine Schlecker-Mitarbeiterin Paroli.

Was wurden nicht alles für Wörter erfunden, als es im Wirtschaftswunderland einmal nicht mehr aufwärts ging: Vom „Nullwachstum" war die Rede, auch von negativen Zuwachsraten. Die Sozialpartner (auch so ein schönes Wort) hatten sogar mit „Abwachsraten" fertig zu werden.

Sprache als Beruhigungsmittel, Worte als Tranquilizer, Sedativsubstantive, Valiumverben. Noch bevor das erste Atomkraftwerk in Deutschland ans Netz ging, wurde besänftigendes Vokabular in die öffentliche Diskussion eingespeist: Um „saubere Energie" handele es sich, allenfalls mit einem „theoretischen Restrisiko" verbunden. Wenn etwas schiefginge, dann könnte es sich höchstens um einen „Störfall" handeln. Der atomare Müll werde schon noch „entsorgt". Und wo? Krönung verbaler Verharmlosung – im „Entsorgungspark". Nach Fukushima klingt das jetzt anders. Die Meister im Beschönigen sind uns aber erhalten geblieben. Sie haben ein dickes Fell. Und wenn es ihnen aus irgendeinem Grund mal ans Fell geht, haben sie schöne Worte parat, verweisen sie auf „Sachzwänge". Kommen gar Skandale ans Licht, haben sie die nicht verursacht und zu verantworten, dann sind sie allenfalls in sie „verstrickt".

Worttäuscher haben die Rosstäuscher abgelöst. Deutschland ist in den letzten Jahrzehnten mithilfe der Sprache geschönt und verwöhnt worden. Als Gerhard Schröder die Agenda 2010 durchsetzen wollte, fand er schon nicht mehr genug geschmeidige Worte, alle SPD-Anhänger zu überzeugen. Karl-Theodor zu Guttenberg brauchte lange, um als Verteidigungsminister von der Bezeichnung „Stabilisierungseinsatz" über „kriegsähnliche Zustände" zum Wort „Krieg" in Afghanistan vorzustoßen. Die Euro-Retter in Europa, an der Spitze Angela Merkel, verbargen ihre Hilfsleistungen für Griechenland und andere fast bankrotte Länder hinter Kürzeln wie ESM, was „Europäischer Stabilitätsmechanismus" bedeutet und damit keineswegs sagt, dass es sich um mindestens 800 Milliarden Euro Steuergeld handelt.

Deutschland ist beides: Kauderwelsch-Land und Land der Schönfärberei. Kauderwelsch und Schönfärberei hängen eng miteinander zusammen. Mit beiden wird versucht, sprachlich zu vernebeln, die Wirklichkeit anders darzustellen, als sie ist.

Politik und Wirtschaft werden nicht aufhören, das Land mit gefälligen PR-Parolen und verschwiemelten Botschaften zu überziehen. Im alltäglichen Blabla nehmen die Versuche zu, die Öffentlichkeit rhetorisch in die Irre zu führen. Aber es ist nicht so, dass die Bürger dies nicht merken würden. Diejenigen, die genau zuhören und aufmerksam lesen, registrieren durchaus die ständigen Versuche, bestimmte Vorgänge sprachlich zu vertuschen. Politik und Wirtschaft haben da ein Problem: Es kostet Glaubwürdigkeit, wenn die Realität nicht beschrieben, sondern mit vielen Worten bemäntelt wird. Spätestens dann, wenn die wohlklingenden Floskeln sich als fauler Zauber herausstellen, geht Vertrauen verloren. Kauderwelsch und Schönfärberei stören dann die Kommunikation mit den Bürgern ganz erheblich, tragen bei zu jener Politikverdrossenheit, die alle beklagen.

Deutschland hat jetzt einen Prediger zum Präsidenten. Einen Mann, der mit Sprache umzugehen weiß. Joachim Gauck klang stark nach Martin Luther, als er in seiner Antrittsrede die Politiker ermahnte: „Redet offen und klar, dann kann verloren gegangenes Vertrauen zurückgewonnen werden."

Wolfgang Krebs

Kauderwelsch besonderer Art – eine fiktive Stoiber-Rede

Sehr geehrte Damen und Herren, sehr geehrter Herr Bundeskanzler. Beziehungsweise -rin. Liebe Parteifreundinnen, liebe Parteifreunde. Ich selbst werde jetzt das Eisen, äh, der Feder schmieden, äh, solange die Pflugscharren noch keinen Flurschaden, äh, oder anders: Der Berg, äh, der Predigt liegt noch vor, äh, uns. Und ich freue mich über die guten Besucherzahlen heute Abend, aber ich hatte auch immer gute Zahlen! Ich hatte bei meiner letzten Wahl genau 60,7 Prozent erreicht! Das war ja das höchste Ergebnis außerhalb von Diktaturen!

Damals hat mich sogar der Putin angerufen und zu mir gesagt: „Du auch?"

60,7 Prozent! Ich bin damals aus allen Socken gefallen, äh, hatte Wolken unter den Socken. Voller Freude. Und doch war es Ironie des Schicksals, dass mir die Folgen dieser Freude vier Jahre später zum Verhängnis wurden. Aber ich will hier nicht mit dem Glashaus, äh, auf Steine werfen. Denn in der Bibel steht im zweiten Koriander, äh, Kreuther, äh, Korinther heißt's ja: Wohl dem, dem die Übertretungen vergeben sind.

Und auch ich habe jenen vergeben, die mich damals aus dem Tempel geworfen haben, in Wildbad Kreuth. Und seitdem wurden so viele Ministerpräsident in so kurzer Zeit. Ich sag' immer zu meiner Frau, wenn ich morgens zum Semmelnholen aus dem Haus geh: Wenn der Bayerische Ministerpräsident anruft, dann schreib bitte seinen Namen auf.

Ich freue mich, dass ich jetzt wieder öfter da bin. Ja, Sie haben recht: Ich bin wieder da! Ich war ja auch nur kurz beim Händewaschen. Ich sage es, wie es ein berühmter Staatsmann vor mir gesagt hat: Ich bin ein Maibock!!!

Ich habe ja am Aschermittwoch dem Horst das Feuer aus den Kartoffeln genommen. Deshalb lassen Sie mich ein Wort zu Horst Seehofer sagen. Ich würde ja gern öfter ein Wort zu Horst Seehofer sagen. Oder mehrere. Aber er hört selten zu. Weil er wenig Zeit hat. Er ist ja als derzeit amtierender Stoiber-Ministerpräsident und CSU-Chef an meiner statt. Ministerpräsident und CSU-Vorsitzender, das sind ja Begriffe, die auf das Engste mit mir und meiner Person verbunden sind.

Ministerpräsident Stoiber! Das ist wie Bundeskanzler Kohl! Oder Bahnchef

(geb. 1966) bayrischer Kabarettist, stand mit 5 Jahren erstmals auf der Bühne. Inzwischen berühmt als Stimmenimitator bayrischer Politiker, vor allem Stoiber und Seehofer. Hat eigenes Kabarettprogramm („Ja mia kennan") und eine Sendung auf Bayern 3. Schrieb ein Kinderbuch: „Sternreisen – Sieben Traumreisen für Kinder".

Wolfgang Krebs

Mehdorn. Oder dieses Supertalent Dieter Ungarn, äh, Tschechien, äh, Polen. Also dieser Dieter Polen. Gut, der ist natürlich nicht so beliebt wie ich.

Bei allen gilt: Das Amt und der Name gehen gewissermaßen eine organische Verbindung ein. Offenkundig gilt diese Verbindung zwischen Amt und Name insbesondere bei hoch geachteten Amtsträgern: Ministerpräsident Stoiber. Papst Benedikt. Mutter Teresa. Bundespräsident Wwww... Weizsäcker! Beim Wulff war das was anderes.

Ha! Der Wulff! Kostenlose Upgrades im Flugzeug! Der Herr Präsident wünschte mehr Beinfreiheit! Ja, wo samma denn? Zu meiner aktiven Zeit waren Flugreisen noch anständig lebensgefährlich. Weil der Franz Josef Strauß am Stoiber, äh, Steuer saß! Und

Eine Paraderolle: Wolfgang Krebs, hier als Edmund Stoiber, trat im Frühjahr 2012 gemeinsam mit der Musikgruppe „Bayerische Löwen" bei der Veranstaltung „Marsch und Ministerpräsidenten – Bayerischer geht's nicht" im Deutschen Theater auf.

meine Aufgabe bestand darin, seinen Aktenkoffer in den Turbulenzen über Westrussland vorm Herumwirbeln zu bewahren. Weil sonst die Wodkaflaschen darin Schaden genommen hätten! Der Theo Waigel weiß das. Er war ja dabei. Bei Flügen mit Franz Josef Strauß hat das Upgrade darin bestanden, dass man nach dem Flug ohne Zuzahlung reanimiert wurde!

Oder dieser sogenannte Nordsüd-Dialog zwischen Niedersachsen und Baden-Württemberg. Wir als Bayern hätten bei so was nie mitgemacht! Weil wir keinen Dialog führen! Niedersachsen, das liegt noch hinter der Donau! Selbst wenn wir mit denen reden wollten, die würden uns doch gar nicht verstehen! Und das ist gut so! Es reicht schon, wenn wir Bayern den Dialog aufrechterhalten, indem wir beim Länderfinanzausgleich Zahlungsweltmeister für Schuldenländer wie Berlin sind. Dafür, dass man in Berlin scheinbar zu blöd ist mit bayerischem Geld

Bayerns Ministerpräsident Horst Seehofer (r.) mit seinem Double Wolfgang Krebs bei der Starkbierprobe auf dem Münchner Nockherberg im März 2012. Politiker aller Couleur und deren Sprache bieten seit jeher unendlich viel Stoff für jeden guten Kabarettisten.

einen Flughafen fertigzubauen. Aber das ist ja kein Wunder. Der Flughafen soll Willy-Brandt-Flughafen heißen. Kein Wunder, wenn der zu spät kommt! Da hätte man ihn besser Franz-Josef-Stoiber genannt, äh, Edmund-Strauß!

Wo war ich stecken geblieben? Ach ja, dieser Horst Seeigel, äh, Seevogel. Und da lese ich doch kürzlich in der Zeitung, dass der Seehorst in Wildbad Kreuth gesagt hat, dass in der Rückschau meinen Sturz vor fünf Jahren ein Fehler war. Das fällt ihm auf nach fünf Jahren! Das hätte ich ihm bereits nach fünf Minuten sagen können, dass das ein Fehler war!!!

Im Grunde genommen führt ja die Staatsregierung unter Horst Seehofer das fort, was mir seinerzeit immer zum Vorwurf gemacht wurde. Ich bin ja gewissermaßen der geistige Vater des aktuellen Seehofertums. Stichwort Sparen. Ich weiß, was das heißt. Ich habe schon gespart, da hatte ich noch gar kein Geld. Heute spare ich vor allem Energie! Vor Kurzem erst habe ich das Stromkabel vom Bügeleisen einen halben Meter kürzer gemacht.

Wir alle müssen sparen, das sieht man nicht zuletzt an der aktuellen Eurokrise. Und da bin ich sehr froh, dass auch die bayerische Europaministerin Emilia Müller da ist. Sie hat ja ein Amt, bei dem man in der Weltöffentlichkeit nicht so oft in Erscheinung treten kann. Und so muss man sich schon auch mal sehen lassen, damit die Leute wissen, dass es einen tatsächlich gibt. Wo? Äh, ach ja, äh, Europa! Und da muss man auch mal die Dinge beim Namen nennen: Europa, das ist eine Ansammlung von südeuropäischen Hallodris, deren Haushalt aus lauter Luftbuchungen besteht!

Ich dagegen habe meinen Hinterlassen schwarze Folgen nachgenullt, meinen Nachfolgern eine schwarze Null hinterlassen. Und das Sparen in Bayern zur Staatsräson gemacht. Ich habe erst den Grundstein dafür gelegt, dass der Horst jetzt den Schuldenabbau bis 2030 versprechen kann. Gut, vielleicht müssen wir dann für Polizisten die 70-Stunden-Woche bei vollständigem Lohnausfall einführen. Und deshalb sage ich: Sparen ist möglich. Der Schuldenabbau bis 2030 ist eine gute Idee. Aber geklaut, und zwar von mir! Wenn einer in Bayern der brutalmöglichste Einsparer ist, dann – jawohl – ich!

Ich habe in Bayern etwas hinterlassen!!! An erster Stelle einen ausgeblichenen Saustall, äh, einen ausgeglichenen Haushalt. Dieser Haushalt war der ausgeglichendste Haushalt aller Haushalte!!! Ja, wir hatten in Bayern die schwarze Null, und die war ich, äh, die hatte ich!

Kommen wir in die Schlussrunde: Schau'n Sie sich die anderen Parteien einmal an. Die SPD zum Beispiel! Steinmeier und auch dieser Steinbrück. Bei den Sozis heißen die ja die Rolling Stones. Liebe Freunde, ich kann Ihnen versichern, ich kenne alle Hits von den Rolling Stones ... Let it be!

Smoke on the Water! Und damit vergleicht sich die SPD? Liebe Freunde, wenn diese beiden Ritter von der traurigen Gestalt die Rolling Stones sind, dann ist die CSU Heavy Metal! AC-Blitz-DC oder wie auch immer diese Kapelle heißt.

Jetzt sind sie ja ganz stolz auf ihre eigene Merkel-Version. Diese Frau Kraft. Aus Mühlheim an der Ruhr. Ich kann mich noch an Zeiten erinnern, da ist man nicht an der Ruhr geboren, da ist man an der Ruhr gestorben!

Oder die FDP! Leutheusser-Schnarrenberger! Als ich zum ersten Mal den Begriff gehört habe, hab ich den Landwirtschaftsminister gefragt: Hast Du ne Ahnung, was das ist? Der hat gesagt: Im Viehseuchen-Lexikon steht nichts. Aber ich verhäng' sicherheitshalber trotzdem mal die Stallpflicht! Und dann, nach den Wahlen blieb uns eben vom Ergebnis her nichts anderes übrig als eine Koalition. Auch ich habe damals gesagt: Na ja, dann machen wir halt eine Koalition. Aber doch nicht mit einer anderen Partei!

Oder die Piraten! Wussten Sie, dass bereits vor 2.000 Jahren die Piraten in der Bibel erwähnt werden? Frei übersetzt findet man in den Klageliedern: „Sie trugen seltsame Gewänder und irrten planlos umher." Damit können ja nur die Piraten gemeint sein! Früher lagen sie vor Madagaskar, heute vor der FDP!

Egal, nicht mehr mein Thema, ich lebe jetzt privat.

Kürzlich habe ich meine Frau wieder einmal gefragt: Karin, soll'n wir nicht einmal gemeinsam, äh, Ferien machen? Da würdest du mich den ganzen Tag für dich haben! Und die Karin hat wie jedes Mal selbstlos gesagt: „Bayern kann keinen Tag auf dich verzichten. Aber ich schon!"

Die fiktive Stoiber-Rede hielt Wolfgang Krebs am Aschermittwoch 2012 in der Bayerischen Vertretung zu Berlin.

Lesen Sie mehr zu aktuellen Themen und diskutieren Sie mit!
Der Blog mit Mainhardt Graf von Nayhauß auf
www.edition-lingen-stiftung.de

Die Edition Lingen Stiftung erscheint im Lingen Verlag, Köln

Herausgeber: Mainhardt Graf von Nayhauß
Projektleitung und Redaktion: Heinrich Hengst
Titelfoto: dpa – Picture Alliance
Fotografien/Bildnachweis: Gerhard Mester (S. 11, 30); Coordt von Mannstein (S. 79); Archiv Mainhardt Graf Nayhauß (S. 95, Karikatur von Hans Bierbrauer); dpa – Picture Alliance (alle übrigen Fotos)

FSC
www.fsc.org
MIX
Papier aus verantwortungsvollen Quellen
FSC® C104350

Printed in Germany

www.edition-lingen-stiftung.de